GUÍA S.O.S. PARA LIDIAR CON PERSONAS NARCISISTAS

Poderosos Métodos para Aumentar la
Confianza en ti Mismo y Hacer Grandes
Cambios en tu Vida

RAYMOND S. GOODMAN

Índice

Prefacio

Si estás en una relación que parece que te está sofocando y ya no estás más feliz y quieres salirte de esta relación, sigue leyendo…

Si haces una rápida búsqueda en línea de las "personas tóxicas" el consejo más abrumador que vas a encontrar es de sacar o cortar a estas personas de tu vida. Pero esto es más fácil decirlo que hacerlo, especialmente si estas personas son tu familia, compañeros de trabajo, o alguna otra persona con la que vives o trabajas cerca.

Todos hemos estado alrededor de estas personas que nos pueden hacer sentir agotados o un poco "apagados" después de un encuentro con ellos. Algunas personas nos pueden dejar un sentimiento de agitación o molesto, o incluso te puedes sentir muy mal contigo mismo después de estar con esta persona.

La cosa más importante que necesitas entender al lidiar con alguien así es que **su comportamiento hacia ti no tiene nada que ver contigo**, y más que todo refleja lo que ellos están pasando o lo que han pasado personalmente. El identificar su comportamiento dañino es el primer paso para minimizar el impacto. Tú puedes no ser capaz de cambiar lo que ellos hacen, pero tu si puedes cambiar lo que tú vas a hacer.

Los humanos son seres sociales. Hay una necesidad inherente en todos nosotros de socializar e interactuar, pero no todas las personas que entran en nuestras vidas tienen en mente nuestro bienestar. Además, todos nos hemos cruzado con individuos tóxicos al menos una vez durante el tiempo en que hemos estado en la tierra. Sin embargo, la situación se puede volver fea cuando tu estas involucrado en una relación con esa persona tóxica. Estos patrones no sanos nos detienen y nos generan mucho sufrimiento. Nos condicionan nuestras reacciones y respuestas de manera que no está sirviendo para nuestro propósito más importante.

Entonces, ¿Cómo puedes ponerte firme o defenderte a ti mismo y confrontar esta relación no sana? Este libro te proveerá las herramientas necesarias para sanar estas relaciones tóxicas y seguir adelante.

Los síntomas de estar enredado en una relación tóxica son el enojo, resentimiento, frustración, tristeza, sentirte impotente, adicciones, problemas de control poco sanos, obsesión, y sentirse manipulado y no respetado.

Ninguna relación es perfecta, pero al mismo tiempo, esto no significa que dejas que otra persona te manipule o que abusa emocionalmente de ti. Recuerda que cuando tu estas en una relación con la persona equivocada, te puede afectar desde lo más profundo de tu ser en tu vida del día a día y puede alterar completamente tu sentido de autoconfianza.

El objetivo principal de este libro es ayudarte a salir de una relación tóxica y ayudarte a sanar de todo lo que sufriste en esta relación. El primer paso es la aceptación, lo que se puede lograr con las estrategias correctas y con una red de amigos y familia que te puedan apoyar. Para el momento en que llegues al final de este libro, tendrás un mejor entendimiento del amor a uno mismo y todo lo que perdiste de ti mismo durante el abuso. No apresures tu proceso de saneamiento. tomate todo el tiempo que necesites para sanar completamente.

Este libro te enseñará a:

- Cómo identificar, entender y terminar una relación tóxica
- Las señales del comportamiento tóxico y narcisista
- Las tácticas de manipulación de los narcisistas
- Porque las relaciones se pueden volver difíciles o complicadas.
- El ciclo de la relación tóxica
- Como desarrollar habilidades personales y de relaciones que nos ayuden a construir relaciones sanas
- Cómo lidiar mejor con las personas difíciles
- Límites, habilidades de afrontamiento sanas, vergüenza resiliencia y comunicación sana
- La toxicidad VS. el abuso
- Cómo perdonarte a ti mismo y a los demás
- Como sanar y recuperarse de la toxicidad
- Y mucho más

Incluso si te sientes con ninguna esperanza ahora mismo, nunca es muy tarde para empezar a trabajar en ti mismo y tomar pasos de bebe hacia la recuperación. El factor crítico es identificar las relaciones tóxicas antes que destruyan completamente todo el sentido en ti mismo.

Si estás listo para salir adelante, y dejar el ir todo lo malo hacia el pasado, si estás realmente dispuesto a cambiar tu vida y liberarte a ti mismo, entonces este libro es para ti. Cuando lo termines, saldrás como una persona más fuerte, más empática y más asertiva.

Introducción

LOS HUMANOS SON ANIMALES SOCIALES. Nacemos, maduramos y eventualmente morimos. Sin embargo, en este ciclo aparentemente simple, hay numerosos caminos complejos y luchas que debemos experimentar para llegar a la meta final. Es casi imposible para nosotros aislarnos y perseguir nuestro camino espiritual que normalmente está desalineado y desenredado con los demás, porque nosotros tendemos a buscar conexión y crecimiento a través de las relaciones que formamos con los otros durante nuestra vida.

Cada relación que tenemos (sean nuestros padres, hermanos, amigos, o parejas románticas) influencian y forman el tipo de persona que somos y nuestro bienestar mental, emocional, físico y espiritual. Por lo tanto, es importante poner atención al tipo de persona con la que compartimos nuestro tiempo y estar atento a las personas que son tóxicas para nosotros.

Debemos de tomar las acciones necesarias para asegurar que no dejemos que nos afecten de manera negativa con su toxicidad.

Lidiar con individuos tóxicos puede ser extremadamente difícil, especialmente si la persona en cuestión es un padre, hija, hijo, esposo, o esposa. En estos casos, debes recordar que no todas las personas tóxicas tienen la intención de ser tóxicas. Muchos fallan en reconocer sus acciones como dañinas para aquellos a su alrededor. Las personas tóxicas están a menudo luchando con sus traumas y con trastornos emocionales ocultos, lo que hace que empleen comportamientos tóxicos. A pesar de que esto, de ninguna manera se debe de usar como excusa, pero sí puede ayudar a entender que sus acciones no están únicamente dirigidas a nosotros, sino que son más un reflejo de su estado mental y emocional interno. En la situación donde la persona tóxica en cuestión es alguien que tú quieres y te preocupas mucho, si su comportamiento y acciones siguen sin cambiar (incluso después de varias confrontaciones de cómo te hacen sentir) tienes que darte cuenta de que es tiempo de cortar a esta persona de tu vida.

Con la ayuda de este libro, espero que encuentres la fortaleza de comprender que la vida después de una persona tóxica es difícil al principio pero que se hace mucho más feliz después de cada día.

Podrás identificar patrones tóxicos y cuando es el tiempo correcto de cortar personas de tu vida, algo que estabas evitando porque no estabas seguro de estar tomando la decisión correcta. Si este es el caso, este libro te puede ayudar con eso también. Aprenderás a lidiar con personas difíciles de una manera que te haga sentir más seguro.

Esto conlleva a desarrollar habilidades saludables de comunicación, construir límites intrapersonales, encontrar el perdón para ti mismo y los demás, y manejar emociones complejas. A través de este libro, también aprenderás cómo se ve una relación sana y cómo puedes hacer que tus relaciones existentes se vuelvan sanas con la incorporación de patrones particulares de compromiso y de comportamiento.

Al final del libro, sabrás cómo cortar esas cuerdas tóxicas a las personas, creencias, adicciones y lugares; lo que es esencial si quieres llevar una vida más sana y feliz, y descubrir tu verdadero propósito en la vida.

Te puedes estar preguntando "¿Por qué tengo que pasar por el problema de eliminar a alguien de mi vida si soy capaz de lidiar con ellos?" Esa es una pregunta válida. Te daré la respuesta simple: para salvarte a ti mismo de las repercusiones si no lo haces. ¿Qué crees que hace a una persona tóxica?

La confusión emocional y el trauma no procesado puede hacer a una persona experimentar estas cosas amargas.

Naturalmente, una persona amargada va a hacer a otras personas sentir dolor al emplear acciones y palabras hirientes. Puedes haber escuchado el dicho "personas hirientes hieren a otras personas". Esto igual es verdad en las personas tóxicas. Si estás lidiando con una persona tóxica a diario, hay una gran posibilidad que tú también desarrollarás ciertos rasgos tóxicos como mecanismo de defensa.

A pesar de que esto pueda ser útil al principio, empezarás a notar que adquieres más rasgos con el tiempo, ya que continúan interactuando con una persona que está firme en permanecer tóxica. Vale la pena sacar a una persona tóxica fuera de tu vida si ellos no tienen la disposición de cambiar porque, tarde o temprano, ellos te transformaran en una versión de ti mismo que tu no reconocerás ni te gustara. En la situación que tu no puedas cortar contacto con esta persona, sería sabio limitar tu tiempo con ella así sus rasgos tóxicos no te afectarán de la manera que tu no quieres que te afecten.

Si estás actualmente experimentando una relación tóxica y no sabes que hacer, este libro puede ser lo que necesitas.

He dado lo mejor para no solamente darte el conocimiento necesario para manejar situaciones y personas tóxicas, sino también para motivarte para que hagas los cambios positivos necesarios para tu vida. Lo único que debes de hacer es poner el conocimiento dado en este libro en acción. Si lees todo este libro y memorizas cada pauta, pero no pones este conocimiento en la práctica, no te va a beneficiar. La vida que tu deseas tener puede parecer imposible en este momento, pero te pido que tengas fe en ti mismo y recuerda el poder que tienes.

Las personas tóxicas pueden hacerte sentir que no puedes alcanzar nada de lo que quieres en tu vida.

Insisto que dejes de mirarte a ti mismo a través de los ojos de una persona tóxica y mires más profundamente tus capacidades y talentos. Entenderás que lo que necesitas para alcanzar tu vida soñada ya lo tienes en ti mismo. Finalmente, quisiera desearte lo mejor y recordarte que es tiempo de que recuperes tu poder de las garras de las personas negativas en tu vida y les demuestra cuán poderoso eres en realidad.

En este libro, exploramos las señales y dinámicas de una relación tóxica, y daremos orientación práctica para terminar esa relación.

Adicionalmente discutiremos la importancia del cuidado y compasión hacia uno mismo como resultado de esta relación tóxica, y daremos recursos para buscar soporte y sanar.

Mi meta es empoderar a los lectores para que prioricen su propio bienestar y felicidad, y que tomen los pasos necesarios para terminar una relación tóxica, y seguir adelante hacia una relación más sana y satisfecha en el futuro.

¡Comencemos!

1

Comportamiento Tóxico Y Narcisista

EL CONCEPTO de una relación tóxica es a menudo malentendido o pasado por alto. Muchas personas pueden estar en una relación tóxica y no se dan cuenta, ya que estas dinámicas no sanas se van normalizando a través del tiempo. Sin embargo, es importante reconocer y enfrentar las relaciones tóxicas porque estas pueden tener graves impactos negativos en nuestro bienestar mental y emocional.

Una relación tóxica es una donde una o ambas personas en la pareja emplean comportamientos que hieren y dañan a la otra persona. Estos pueden tomar muchas formas, como el abuso verbal, la manipulación emocional, la violencia física y hasta la coacción financiera. Estos comportamientos no solamente son dañinos en sí mismos, pero también pueden crear una dinámica poco saludable en la relación que puede dañar a los involucrados.

Es crucial terminar una relación tóxica lo más rápido que se pueda, porque entre más tiempo continúe, más perjudicial puede ser. Quedarse en una relación tóxica puede tener graves consecuencias, como el daño a la autoestima y autovaloración, el incremento de estrés y ansiedad, e incluso problemas en la salud física. Es importante priorizar nuestro propio bienestar y felicidad, y tomar los pasos necesarios para terminar una relación tóxica cuanto antes.

Sin embargo, terminar una relación tóxica es normalmente más fácil decirlo que hacerlo. Es difícil reconocer cuando una relación se ha vuelto tóxica, y es mucho más complicado tomar los pasos necesarios para terminarla. Muchas personas pueden experimentar un sentido de lealtad y amor por sus parejas, o pueden estar preocupadas de las consecuencias de dejar la relación. Es importante recordar que quedarse en una relación tóxica no es signo de lealtad o amor, sino que es una decisión dañina que puede tener consecuencias negativas a largo plazo.

. . .

Este capítulo te dará un gran entendimiento del comportamiento tóxico y narcisista. Para el momento que lo termines, sabrás exactamente con lo que estás lidiando.

También tendrás el coraje para tomar las acciones necesarias para salvarte a ti mismo de situaciones en las que debes de interactuar con una persona tóxica o narcisista.

La toxicidad y el narcisismo son comportamientos hostiles e intensos que nadie debería de lidiar con ellos. Pueden causar daño severo en tu salud mental y física, como también en tu paz mental. En el momento que entiendas que es con lo que estás lidiando, no deberías de perder el tiempo. Debes de tomar acción. Estoy seguro de que tienes toda la intención de hacerlo. Es por esto que te traje este libro. Entonces, sin nada más que agregar, pasemos a los detalles.

Comportamiento Tóxico

Reconocer a una persona tóxica es más que todo identificar cómo te hacen sentir más que lo que hacen o dicen. Ser capaz de ver su comportamiento dañino es el primer paso para minimizar su impacto. Otro detalle igualmente importante es tener en cuenta que muchas personas tóxicas no intentan serlo. Sus emociones inconscientes sacan un lado de ellos que quizá ellos no estén al tanto que tienen. Por lo tanto, tú debes de notar tus reacciones a sus palabras y comportamientos en vez de tratar de analizar qué están haciendo. Tu tendrás un gran control de tus sentimientos y acciones cuando sabes la mejor manera de lidiar con estas personas, no importa el tipo de situación a la que te enfrentes.

Señales De Advertencia

Las señales de advertencia son tanto externas como internas en una relación tóxica, tu debes de estar atento a estas para ser un mejor juez de carácter y para identificar a la persona tóxica en tu vida.

- *Señales de advertencia internas*

Las señales de advertencia internas se refieren a estar atento a cómo te sientes cuando te enfrentas a una persona tóxica. Los rasgos tóxicos no son siempre físicos y verbales. La mayoría del tiempo, te debes de enfocar en tus propias emociones. ¿Por qué es así? Porque a pesar de que estas señales no son evidentes a los ojos, tienden a tener un mayor impacto. Aquí hay seis señales de advertencia internas claves que debes de estar atento:

o **Sientes que te están manipulando para hacer algo que no quieres hacer:** ¿has sentido que te han manipulado para hacer algo que no querías hacer? Si lo has sentido, es un hecho, no importa quién es la otra persona y la posición que tenga en tu vida, nadie debería de forzarte a hacer algo que va en contra de tus deseos o tu voluntad. Si hay algo con lo que no te sientas cómodo, la otra persona debería respetar tus límites y tus decisiones. Una persona tóxica puede no darse cuenta de que está haciendo esto, pero si sientes que te están forzando, da un paso atrás.

o **Estás constantemente confundido con el comportamiento de la persona:** una persona tóxica siempre te confundirá con su comportamiento porque ellos no están completamente seguros de lo que quieren. Son la mayoría de las veces personas cínicas que encuentran una falla en todo lo que haces.

.   .   .

Naturalmente, ellos interactúan contigo de diferentes maneras en distintos puntos del tiempo. Esto puede ser molesto porque mucho de esto depende del balance emocional que tu tengas en tu vida.

o **Sientes que mereces una disculpa que nunca llega:** con personas tóxicas, habrá ocasiones en las que actúen o se comporten en una forma que es insultante o hiriente. Sin embargo, este tipo de persona raramente se disculpa por algo que dijeron o algo que salió mal porque ellos no están listos para aceptar lo que hicieron. Puede ser intencional, cuando su vanidad les hace incapaces de disculparse, o no intencionales, cuando no consideran el impacto que su comportamiento puede tener en los demás. Cualquier persona racional debería tener la habilidad de entender cuando están lastimando a los demás. Si no la tienen, ese es un problema.

o **Sientes que siempre te debes defender cuando estás con esta persona:** una característica común en cada persona tóxica es jugar con su víctima y tratar de culparla por algo que ellos hicieron. Como resultado, tienes que constantemente defenderte cuando interactúas con ellos. Puedes no haber hecho nada, pero como ellos tienen una mentalidad escapista, harán lo mejor para torcer la verdad y culparte a ti para que ellos se salven.

o **No te sientes completamente cómodo alrededor de ellos:** no importa cuán cercano seas a esta persona, si son inherentemente tóxicos, y empiezas a darte cuenta de esto, ya no te sentirás cómodo alrededor de ellos.

Esto puede ser por varias razones. En primer lugar, una persona tóxica emite energía negativa, lo que te antagoniza con el tiempo. En segundo lugar, buscas una relación por la empatía, consistencia y confianza, y cuando no obtienes estas, no es posible que te sientas cómodo.

o **Te sientes inseguro e inadecuado en su presencia:** las personas tóxicas siempre te harán sentir mal sobre ti mismo. Incluso si el tema de discusión es sobre algo positivo, ellos encontrarán la manera de girar las cosas para hacer sentir que algo está faltando en ti y, si algo sale mal, tú eres la razón de esto. Se vuelve más de lo que tú estás haciendo mal y ellos recordándote siempre. Si esto continúa, llegará al punto que no puedas ver nada bueno en ti mismo o alrededor tuyo.

• *Señales de advertencia externas*

A diferencia de las señales de advertencia internas, que son basadas en cómo te sientes alrededor de personas tóxicas, las señales externas son visibles en el comportamiento y palabras de la persona. Estas señales demuestran su toxicidad y son basadas en cómo te tratan a ti y a los demás a su alrededor. Aquí hay seis señales de advertencia externas que debes de estar atento:

o **Inconsistencia:** si ellos tienden a ser inconsistentes porque les falta empatía y genuinamente no les interesa lo que los otros puedan sentir por sus acciones. Digamos que esta persona particular en tu vida tiende a conseguir todo lo que quiere.

Ellos harán esto sin importarles cuánta tensión moral puedan ponerte a ti. Ellos nunca llegarán a tiempo o harán lo que te prometieron porque para ellos tus necesidades no son importantes. Debes estar atento a personas que tienen en su naturaleza ser inconsistentes y quienes lo hacen sin remordimiento.

o **Siempre necesitan de tu atención:** las personas tóxicas siempre necesitan de tu atención. Nunca están felices de lo que reciben de ti y siempre necesitan más. Quieren que todos a su alrededor siempre estén a sus servicios, y sus sentimientos inherentes de insuficiencia hace que quieran que otros les den más atención porque buscan constante validación.

o **Siempre empieza el drama:** con personas tóxicas, hay interminable tensión por el drama. Este tipo de persona no puede hacer nada sin ser dramático porque, para ellos, todo es sobre ellos y su entretenimiento. Ellos o serán la víctima o serán maltratados por otros. Crearán historias para engañar a otros o harán algo que dañe la vida de alguien más.

o **No respetan los límites:** esto es por su falta de empatía. Tu y cualquier persona en sus vidas es solamente un medio para lograr lo que quieren. En este sentido, si ellos cruzan tus límites no les interesa.

o **Te manipulan para obtener lo que ellos quieren:** la manipulación es su segunda naturaleza, y no se disculpan por esto. Ellos siempre saben lo que están haciendo y lo usan a su favor para obtener lo que quieren.

o **Tienen problemas de abusos de sustancias:** adicciones y relaciones tóxicas casi siempre están conectadas, el abuso de sustancias ocurre con el abuso de la pareja íntima de 40 a 60% de los casos. Sin embargo, puede extenderse a otras relaciones también. En relaciones tóxicas, el abusador muchas veces usa las sustancias para lidiar con sus experiencias dolorosas, contribuyendo a aumentar el maltrato hacia otros y probablemente el abuso.

. . .

Ahora que ya hemos establecido las señales de advertencia en una relación tóxica, veamos las razón del porqué las personas se vuelven tóxicas.

¿Por qué algunas personas son tóxicas?

Una persona tóxica es alguien que su comportamiento agrega negatividad o estrés a tu vida. Nos encontramos constantemente preguntándonos, "¿Por qué esta persona se comporta de esta manera?" o, "¿Qué llevó a esta persona a ser la antagonista?" Psicoterapeuta y coach de vida Jodie Google dice esto de las personas tóxicas: "a menudo la persona está profundamente herida, y por cualquier razón, no son capaces de tomar la responsabilidad de sus heridas, sentimientos, necesidades y sus posteriores problemas en la vida." Entonces, no es que estas personas son inherentemente tóxicas, están heridas.

Pero la manera en la que inconscientemente actúan sus heridas hacia los demás puede ser categorizada como "tóxica" porque este comportamiento puede ser doloroso y dañino.

Las personas tóxicas sienten la necesidad inconsciente de humillar a los demás para elevar sus propios sentimientos y autoestima. Ellos a menudo no saben de su necesidad inconsciente de lastimar a los demás y son ignorantes al hecho que ellos hacen esto porque no se sienten bien con ellos mismos. Encuentran maneras de humillar a los demás, intencional o no intencional, porque sienten que es la única manera en la que ellos se engrandecen. Los efectos son dañinos para la gente a su alrededor. Algunas de estas personas tienen alcances extraordinarios para sentirse bien, lo que puede ser doloroso si esta persona es un familiar o amigo.

La toxicidad en una persona no es considerada un desorden mental. Sin embargo, puede haber problemas mentales escondidos que causen que actúen de manera tóxica, incluyendo un trastorno de personalidad, de estrés postraumático o bipolar. Como autor Christian Baloga dijo: "pongan atención a palabras tóxicas. Lo que dice la gente es muchas veces reflejo de ellos mismos, no de ti".

Narcisismo

Ahora, veamos más a fondo el concepto de narcisismo discutiendo que es narcisismo, como identificar a personas narcisistas, los tipos de narcisismos y sus rasgos.

¿Qué es Narcisismo?

Narcisismo es un término normalmente usado para describir a individuos que son extremadamente inmersos en sí mismos y carecen de empatía hacia los demás. Mientras que todos mostramos algunos rasgos narcisistas hasta cierto punto, personas con el Trastorno de la Personalidad Narcisista (TPN) muestran estos rasgos a un nivel patológico. Individuos narcisistas tienden a estar excesivamente preocupados con su apariencia, logros y estatus, y pueden tener un exagerado sentido de su importancia personal.

Pueden también carecer de empatía hacia los demás y un sentido de derecho, esperando un tratamiento especial y de admiración de los que están a su alrededor.

. . .

Las personas narcisistas pueden ser encontradas en cualquier momento de la vida y su comportamiento puede tener terribles consecuencias hacia las personas a su alrededor. En relaciones personales, la persona narcisista puede manipular emocionalmente, controlar y abusar. En el área profesional, pueden ser difíciles para trabajar y pueden perjudicar a sus compañeros para avanzar en sus propios intereses. Es importante ser consciente de los rasgos de la personalidad narcisista, saber reconocerla y lidiar con personas narcisistas para protegernos a nosotros mismos y a nuestro bienestar.

¿Cómo Las Personas Se Vuelvan Narcisistas?

Hay tres razones principales por las que las personas desarrollan narcisismo. La primera es el ambiente en el que crecieron. Nuestro entorno y crianza tienen mucho que ver en cómo nuestro cerebro se desarrolla y funciona. Cuando un niño crece en un ambiente tóxico con una familia perturbada, o cuando no es enseñado valores sanos y son obligados a enfrentar extremos criticismos y castigos, es natural que se vuelvan narcisistas. La segunda razón son los genes de la persona. El narcisismo puede ser heredado, el niño pudo heredar estos rasgos de algún padre o ancestro.

La tercera razón es neurobiológica. Un niño pudo tener una crianza normal y aun así desarrollar narcisismo simplemente por la manera en quc su cerebro empieza a percibir y reaccionar a las cosas con el tiempo.

Rasgos De Carácter De Personas Narcisistas

Las personas narcisistas pueden ser reconocidas por ciertos rasgos similares, algunos mencionaré aquí. Estoy seguro de que después que leas esto, serás capaz de reconocer a un narcisista fácil y más rápido. Los narcisistas tienen un exagerado sentido de sí mismos. Si están trabajando, demandan admiración y apreciación de todos a su alrededor. Los narcisistas son superficiales en todos los tipos de relaciones por su falta de sentido de empatía. Todo empieza y termina con ellos. Tienen un gran nivel de alteración de identidad por su inherente complejo de superioridad, entonces fallan en unirse emocionalmente a cualquier persona. Como resultado, pierden el sentido de quién son a un gran extremo. Los narcisistas pueden autosabotearse porque se aburren fácilmente de cualquier cosa que no se trate de ellos. Ellos raramente tienen amigos genuinos, y, por lo tanto, son solitarios. Esto hace que se vuelvan vulnerables, porque no saben manejar el fracaso de ninguna manera.

Siempre hay razones detrás del por qué una persona actúa de cierta manera.

Ahora explicaremos algunas de las razones del porqué los narcisistas se comportan como lo hacen.

¿Por Qué Los Narcisistas Se Comportan De La Manera En Que Lo Hacen?

Como ya mencioné anteriormente, los narcisistas se comportan de la forma en que lo hacen porque son inseguros y tienen un sentido de sí mismos extremadamente frágil. Han sido lastimados en el pasado y nunca han sido capaces de recuperarse. Personas que encuentran difícil vivir en su propia piel quieren automáticamente buscar validación y admiración del mundo. Ellos tratan de esconder su sentido de inseguridad bajo el disfraz de dureza, mal comportamiento, y, por supuesto, un complejo de superioridad pretencioso. Ninguna persona es inherentemente mala, y con adecuada terapia descubrirán las razones para su toxicidad narcisista.

Sin embargo, lo que es más desafortunado para los narcisistas, es el proceso de esconder su baja autoestima mientras intentan ganar admiración de los demás, sus acciones tienden a convertir a las personas en su contra al paso del tiempo. Sus acciones en consecuencia tienen el efecto completamente opuesto de lo que ellos quieren lograr.

En vez de ser admirados, terminan siendo aborrecidos y evitados. Esto en cambio, estimula su necesidad de más admiración y validación.

El narcisismo y la toxicidad se correlacionan de gran manera con complejos de superioridad e inferioridad.

Exploremos esta relación más a fondo.

Complejo De Superioridad VS. Complejo De Inferioridad

El complejo de superioridad es cuando una persona proyecta un inflado sentido de sí mismos mientras intenta esconder sus propios miedos al fracaso y a la inferioridad como también sus verdaderos sentimientos. Por otra parte, un complejo de inferioridad se refiere a una actual o percibido sentido de carencia o de incapacidad que hace que la persona se sienta mal sobre sí mismo, lo que puede llevar a la agresividad y a comportamientos tóxicos. Vivir con cualquiera de estos complejos no es bueno para nadie por la acumulación de rasgos tóxicos que son inherentes en cada uno de ellos.

Los narcisistas ya sufren de un complejo de superioridad por las razones ya dichas. Ellos también tratan de aprovecharse de las personas que son sumisas o que tienen un complejo de inferioridad.

Sin embargo, curiosamente, una de las causas principales del narcisismo puede también ser una sensación de inferioridad que los fuerza a manifestar dureza y aparente superioridad. Alguien con un complejo de superioridad nunca toma en consideración lo que otros piensen o digan. Al contrario, una persona que sufre de un complejo de inferioridad solicitará las opiniones de los demás porque ellos no tienen la confianza de tomar acción basados en sus propios pensamientos y decisiones. En ambos complejos, las personas alrededor de ellos sufren porque tienen que abordar todos los problemas con los que vienen estas personas.

Cuando comparas los dos complejos, claramente, encuentras muchas descripciones de cómo son diferentes y lo que los causa, junto con muchas sugerencias de cómo debes de lidiar con una persona que tenga cualquiera de los complejos. Lo que tienen en común es, en primer lugar, que ambos son tóxicos. Para la persona que lo sufre y los de su alrededor, estos complejos pueden causar un gran daño. Sentirse ya sea superior o inferior puede motivar a una persona a tomar pasos que son imprácticos e incluso autodestructivos. En segundo lugar, el narcisismo está fuertemente conectado con ambos complejos. Uno puede considerarse la causa principal del narcisismo y el otro como el mecanismo de defensa que el narcisista usa.

¿Puede una Persona Narcisista cambiar?

Hasta el momento, hemos hablado a profundidad de las razones por las que las personas son difíciles y tóxicas y cómo las puedes reconocer. Estoy seguro de que muchas personas te vinieron a la mente que pueden caer en esas categorías. La pregunta que naturalmente surge ahora es si estas personas pueden cambiar. La respuesta es sí, ellos pueden cambiar, pero solamente a cierta medida. Cuánto pueden cambiar o el grado de su progreso depende de cada individuo. La persona necesita primero darse cuenta de que es tóxica y que quiera cambiar lo antes posible.

Las personas tóxicas tienen que darse cuenta de sus comportamientos y estar abiertos a aceptar ayuda, sea en la forma de la psicoterapia o una conversación genuina con un amigo de confianza. Es irrealista pensar que el cambio sucederá de la noche a la mañana. Eso es imposible. Depende mucho de su ambiente y la voluntad de las personas cercanas a ellos de ayudarlos con su camino al cambio. Necesitarían ayuda genuina y aquellos a su alrededor deberían estar listos para darla. Si no se tiene, el comportamiento tóxico continuará.

· · ·

Las personas que muestran comportamiento tóxico deben entender que no necesitan pretender ser algo que no son y que son libres de expresar lo que sienten. Necesitan sentirse seguros de exponer sus vulnerabilidades. Si este tipo de apoyo es establecido, la persona tóxica puede cambiar. Si es asumido que la toxicidad es genética, sería difícil para ellos cambiar después de tanto tiempo. Dicho esto, nunca hay que perder la esperanza.

Espero que este capítulo haya sido informativo y que te haya dado las respuestas que buscabas. Ahora que eres capaz de reconocer mejor a las personas tóxicas y narcisistas, estoy seguro de que será muy fácil para ti buscar formas para manejarlos y protegerte a ti mismo.

2

Relaciones - Las Buenas, Las Malas y Las Feas

EN ESTE CAPÍTULO, hablaré de las matrices de las relaciones que te ayudarán a entender las diferentes formas por las que pasa una relación y lo que debería de ser tolerable y lo que no. Muchas veces dices "si" a algo que tu pareja te pregunta incluso cuando no estás cómodo con esto. Puedes pensar que, porque tu pareja te pregunta algo, es necesario aceptarlo porque, después de todo, esta persona es con quien estás en una relación. Puede ser algo psicológico o algo físico y materialista. Pueden preguntarte que hagas algo o practicar algún tipo de comportamiento del que tú no estás de acuerdo. Da esto por hecho: no debes de decir que si solamente porque estás en una relación. En la relación las dos partes son iguales. Solo se deben de hacer las cosas en las que los dos están de acuerdo.

• • •

Las relaciones son complicadas en sí, que nadie te diga lo contrario.

No importa cuán maduros ambos son, siguen siendo dos personas únicas que han tenido distintas infancias y experiencias pasadas. Los dos deciden compartir su tiempo, pero esto no quiere decir que todo se vaya a alinear mágicamente. Toma mucho esfuerzo de ambas partes el no hacer nada que haga a la otra pareja sentirse incómoda o insegura. Sin embargo, habrá inevitablemente problemas cuando una o ambas partes tienen rasgos tóxicos.

Como mencioné en el capítulo pasado, algunas personas son tóxicas por naturaleza y son conscientes de esto. En cambio, algunas acoplan comportamientos tóxicos inconscientemente y no saben que lo que están haciendo causa problemas a las demás personas. Aunque no es tu responsabilidad etiquetar a alguien como bueno o malo, no obstante, debes de comunicar lo que te hace incómodo e inquieto. Si tu pareja es razonable, se darán cuenta de su error y dejarán de decirlo o hacerlo. Pero si te das cuenta de que no es la persona correcta, que ves que las cosas no cambian para mejor después que dijiste lo que te molestaba de su comportamiento, esa es tu señal para terminar esa relación. Puede verse como un paso drástico cuando lo digo así, pero creo que, para el final de este capítulo, verás porqué pienso esto.

Introducción A Las Relaciones

Entender cómo se ve una relación sana te ayudará a identificar una tóxica. Te darás cuenta lo que deberías de esperar y lo que no debería pasar.

Ahora hablaré de ciertos aspectos de las relaciones que te darán una mejor comprensión de las cosas.

¿Por qué las relaciones son tan complicadas?

Déjame asegurarte que no eres el único que encuentra las relaciones difíciles. Entonces, nunca hagas el error de reclamarte por esto. Todos hemos sido criados en películas e historias sobre las relaciones que raramente muestran la realidad. Nuestros padres también hicieron el punto de mantenernos fuera de sus problemas mientras crecemos para que nuestra mente no fuera afectada de la peor manera.

. . .

Mientras que no fue malo de su parte el querer que creciéramos en un ambiente pacifico, es un problema cuando crecemos creyendo que en una relación amorosa solo hay corazones y flores. Cuando entramos a una relación, nuestras ilusiones empiezan a romperse, y nos damos cuenta de que no es como pensábamos. Veamos algunas razones para esto.

o **Tener expectativas puede ser brutal:** a pesar de lo que tu instinto común te diga, investigaciones muestran que las personas son sorprendentemente inhábiles de predecir cómo se sentirán en muchas situaciones.

Por ejemplo, un estudio encontró que las parejas recién casadas tienden a estimar que sus niveles de felicidad incrementarán (o por lo menos serán los mismos) durante sus primeros cuatro años de matrimonio. En realidad, sus niveles de felicidad tienden a disminuir durante ese periodo.

Es física y psicológicamente imposible aceptar cada demanda, no importa si es pequeña o grande, que tu pareja te hace. Cuanto antes te des cuenta de esto, será lo mejor. El problema es que no todos saben tomar "no" como respuesta. Es difícil lidiar con la angustia que viene al reconocer que tenemos expectativas irreales.

o **La intimidad no es fácil:** puedes haber entrado a una relación pensando que estás listo para ser abierto y vulnerable. Pero adivina que la intimidad es compleja, y no todo el mundo está de acuerdo con ella. Nadie sabe en realidad a lo que están cómodos y a lo que no hasta que lo enfrentas ¿verdad?

Cuando tú y tu pareja se dan cuenta que están teniendo problemas con la intimidad o ciertos aspectos de este, ¡es importante averiguar cómo abordarlo! Si la otra persona es genuina y abierta, cooperará y ambos encontrarán la manera. Sin embargo, si son tóxicos, no les importará arreglar el problema y te dejarán en un espacio físico y mental poco saludable.

o **El romance no es constante ni consistente:** en el momento que el romance y el compromiso faltan, nos llega este sentimiento de que no conocemos a la persona a la que nos hemos acercado. Puedes mirarnos y mirar a un extraño cuando se bajen su máscara. No deberías preguntarte qué versión vas a tener de alguien cada día. Si estás nervioso esperando ver qué tipo de humor alguien va a estar cada día, es injusto para ti y no es sano. El romance si es indispensable para que muchas de las relaciones funcionen, pero solo es una de las muchas cosas que dos personas necesitan para estar juntos. Es importante entender que el romance va a empezar a irse a menos que ambos estén en la misma página en lo que entienden que hace una buena relación.

o **Manejar conflictos puede ser estresante:** manejar conflictos es importante para que una relación funcione. Tu relación va a tener conflictos porque es una parte natural de interactuar con alguien. Las personas necesitan comunicarse para que cualquier relación funcione. Uno nunca debería de tener una actitud negativa hacia resolver problemas, ya que, creer es una tarea difícil.

Si puede ser difícil, pero nadie va a resolver estos problemas por ti. Abordar los conflictos deben ser vistos como necesarios y significativos para las dos partes.

La actitud debe de ser de resolver los conflictos porque, al final del día, esa relación es suficientemente fuerte para soportar malentendidos y el resentimiento que sigue si los conflictos no son bien manejados. Cuando una o las dos partes no quieren resolver los conflictos o comunicarse, puede ser difícil mantener una relación sana.

Ahora que hemos establecido algunos problemas potenciales, vamos a ver como una pareja sana trabaja.

¿Cómo se ven Las Relaciones Sanas?

Una relación e intimidad sana no son conceptos irreales. Acepto que en el tiempo que vivimos nos han mostrado que tan problemática es la gente en general y como en las relaciones en particular pueden ser. Sin embargo, si las personas involucradas son honestas y no tienen miedo de ser vulnerables, una relación sana y una genuina intimidad pueden ser fuente de felicidad y paz para ambos.

Abajo hay cuatro factores claves que son necesarios para mantener una relación e intimidad sana. Ten en cuenta que estas son verdad para todos. Cuando alguna de estas falta, habrá problemas, señalando que podrías estar en una relación tóxica.

o **Consentimiento:** es probablemente lo más importante para que una relación funcione.

No importa en qué tipo de relación tú estés, a menos que las dos partes digan que si en su deseo de hacer algo en particular, no debería de ser hecho. Puede ser algo tan pequeño como tener comida china en lugar de Italia o puede ser algo tan significativo como decidir si irse a vivir juntos o tener un bebe. Cada decisión que una pareja hace debería de tener un acuerdo consensual. El mismo caso para la intimidad. Uno no debería nunca de pasar los límites y no ser capaz de tomar un "no" como respuesta.

o **Comunicación:** la comunicación es clave para tener una relación sana. Especialmente en la cama o en otros momentos íntimos, debes estar seguro de que tú y tu pareja están en la misma página de lo que tienen en mente a través de una buena comunicación. Solo en ese momento no habrá ansiedad, ni malentendidos y sin errores innecesarios.

o **Límites:** todos tenemos límites y siempre deberían ser respetados. Entender que cada persona, ya sea tu pareja o alguien más, tiene límites únicos y honrarlos muestra el respeto que merecen por ser seres humanos. Si tu pareja no respeta tus límites y trata de manipularte física y psicológicamente para que digas "si" a lo que quieren, da por hecho que son tóxicos y solo te usan para sus necesidades. Si ellos realmente se preocupan por ti, como persona y su pareja, respetarán tus límites. Lo mismo va para ti.

o **Confianza:** una relación sana está basada en confianza. A menudo pasa que la persona que tú eliges estar es diferente a ti y puede tener muchos defectos, pero tú aún así decides estar con ellos porque confías en ellos. Les confías tus pensamientos y tu cuerpo. Una relación solo puede permanecer sana cuando ambas partes confían entre ellos con sus inseguridades y vulnerabilidades. Solo el sospechar que no puedes confiar en tu pareja es razón suficiente para no estar con ellos. La confianza no es negociable y nunca se debería comprometer.

Trastornos De La Relación

Las relaciones son difíciles, por decir lo menos. Una gran parte para entender las relaciones sanas depende de saber cómo abordar las poco sanas que amenazan con perturbar tu balance emocional. Toma mucho de parte de las dos personas el hacerlo funcionar, y es necesario entender las matrices de la psicología humana que están en juego. Hablaré ahora de algunas de estas matrices.

- ***Codependencia:*** "una relación codependiente es un tipo de relación disfuncional donde una persona es cuidadora y otra persona saca ventaja de esto" (9 señales de advertencia de una relación codependiente, 2021). En esa relación, una parte siempre tiene más responsabilidad física y emocional mientras que la otra parte tiende a hacer poco o nada para contribuir a la salud de la relación. Una relación codependiente es extremadamente tóxica y demandante para la parte más responsable. Está comúnmente llena de problemas porque no hay equidad entre el compromiso de las parejas. En comparación, una relación independiente asegura que las dos partes son igualmente responsables y comprometidas con todo el proceso. Es más, sobre ayudar y entenderse mientras también se dan espacio.

• *Apego inseguro:* el miedo al abandono y la dificultad de pedir ayuda pueden verse como dos rasgos de carácter aislados, pero comparten un hilo en común. Muchas personas que se identifican con estos comportamientos tienen el mismo estilo de apego, caracterizado por la inseguridad, llamada apego estilo inseguro. Las personas con un apego estilo inseguro generalmente tienen problemas para hacer conexiones emocionales con los demás. Pueden ser agresivos o impredecibles hacia sus seres queridos, un comportamiento que es arraigado de sus experiencias en la infancia.

• *Neurobiología interpersonal:* el doctor Daniel Siegel dijo: "somos lo que somos, como somos, en relación con los demás." Él dice en sus libros <u>La mente en desarrollo</u> y <u>El poder curativo de las emociones</u> que: "la identidad no está contenida en sólo el individuo, sino que entre los individuos" (Caddell,2020). Esto significa que tendemos a volvernos como las personas con las que más pasamos el tiempo. Las personas en relaciones muchas veces toman los hábitos y características de su pareja. Entonces, si tu pareja tiene rasgos tóxicos, es natural que tú eventualmente no solo estarás afectado por estos, pero también empezarás a mostrarlos.

- *Explorando creencias fundamentales:* las relaciones son desafiantes porque no todo el mundo crece con las mismas creencias fundamentales. Muchas veces es más fácil para dos personas el quedarse juntas si tienen creencias fundamentales similares. Los problemas ocurren cuando una parte tiene otra mentalidad y visión del mundo y el ambiente alrededor de ellos es completamente diferente al de la otra parte. Entonces se vuelve difícil permanecer en la misma página sobre algo.

- *Vergüenza, vulnerabilidad y miedo:* si estás en una relación con una persona tóxica, en vez de que te ayuden a sentirte seguro con tus vulnerabilidades y estar a tu lado en tiempos de necesidad, ellos harán lo contrario. Te harán sentir avergonzado frente a otros e incluso podrían hacer cosas que te hagan sentir miedo de estar con ellos. Es más, te querrán hacer creer que es tu culpa el sentir estas cosas.

- ***Trastornos de la intimidad:*** una relación puede volverse tóxica y difícil de manejar cuando una o las dos partes tienen trastornos de la intimidad, lo que significa que se sienten inseguros, incómodos y están renuentes a volverse íntimos con la otra persona. Esto puede ser intimidad física como también emocional. Otra cosa, una relación sana requiere intimidad. Cuando esto falta, no será saludable ni ideal.

Teoría Del Apego

La teoría del apego en psicología tiene origen en el trabajo seminal de John Bowlby (1958). La teoría del apego está basada en las relaciones y los vínculos entre las personas, particularmente en las relaciones a largo plazo, incluyendo esas entre padres e hijos y entre parejas románticas.

· · ·

De acuerdo con los investigadores Hazan y Shaver (1987), el vínculo emocional que se desarrolla entre las parejas románticas adultas es parcialmente una función del mismo sistema motivacional que da paso al vínculo emocional entre infantes y sus cuidadores. Hazan y Shaver notaron que las relación entre infantes y cuidadores y las relaciones entre parejas románticas adultas comparten las siguientes características:

- Ambos se sienten seguros cuando el otro está cerca y son responsivos.
- Ambos acoplan un contacto cercano, íntimo y corporal.
- Ambos se sienten inseguros cuando la otra persona es inaccesible.
- Ambos comparten descubrimientos con el otro.
- Ambos exhiben fascinación mutua y preocupación por el otro.
- Ambos hablan como los bebés.

Basado en estas paralelas, la teoría concluye que la tendencia humana de un individuo es de buscar cercanía y sentirse más seguro cuando están en la presencia de la persona con la que han hecho el apego.

· · ·

Cuatro Comunes "Estilos De Apego"

Los estilos de apego son expectativas que las personas desarrollan sobre sus relaciones con los demás. El estilo de apego de una persona es su manera específica de relacionarse con los demás en sus relaciones. Aquí hay cuatro de los más comunes estilos de apego:

- *Seguro:* hay personas en relaciones quienes los apegos entre ellos están basados en la seguridad. Pueden mantener una relación sana porque confían el uno en el otro y están seguros en su relación, así como también en sus vidas personales. Pueden lidiar con problemas que vengan hacia ellos individualmente, pero al mismo tiempo, no desconfían de la otra persona. Esto es bueno para no tener tantos malentendidos. Un apego seguro es una señal de una relación sana y no tóxica. En este tipo de relación, ambas partes solo añaden positividad a la vida del otro. Este tipo de apego no está basado en explicaciones innecesarias que son imposibles de llegar. Está basado en confianza mutua, dejar que cada uno tenga

el espacio personal necesitado y da un
sentido general de seguridad.

- Ejemplo de un apego seguro en una
  relación: imagina a Alina, una mujer con un
  estilo de apego seguro, quien ha crecido en
  un entorno donde sus padres le brindaron
  amor, atención y seguridad emocional de
  manera constante. Desde temprana edad,
  Alina aprendió que sus necesidades serían
  satisfechas y que podía confiar en los demás
  para obtener apoyo. A medida que creció,
  establece relaciones sólidas y significativas
  con amigos, familiares y parejas. En su
  relación romántica con Carlos, Alina
  muestra confianza en sí misma y en él. Se
  siente cómoda compartiendo sus
  pensamientos y emociones, y también
  alentando a Carlos a hacer lo mismo.
  Cuando enfrentan desafíos, buscan
  soluciones juntos y mantienen una
  comunicación abierta y respetuosa. Ana no
  siente la necesidad de buscar
  constantemente la aprobación de Carlos ni
  teme el abandono. Sabe que ambos tienen
  su espacio personal y sus propias
  actividades, lo que enriquece su relación en
  lugar de amenazarla. En situaciones de

estrés o dificultades, Ana y Carlos se apoyan mutuamente y encuentran consuelo en la cercanía emocional que han construido. Ana lleva consigo la seguridad que le inculcaron en su infancia, lo que le permite establecer relaciones significativas y nutrir un sentido de bienestar en su vida adulta. Su estilo de apego seguro la guía hacia una vida de relaciones saludables y satisfactorias, demostrando cómo las bases sólidas en la infancia pueden influir positivamente en la forma en que nos relacionamos con los demás a lo largo de nuestra vida.

- **Ansioso:** este estilo de apego inseguro es marcado por un gran miedo al abandono e inseguridad. Personas con apego ansioso tienden a ser muy inseguras sobre sus relaciones, preocupándose constantemente que su pareja les va a dejar y entonces siempre buscan validación. Personas con este estilo de apego imploran intimidad emocional, incluso cuando sus parejas no están listas o la situación no llama a esto.

- <u>Ejemplo de un apego ansioso en una relación:</u> Imagínate otra vez a Alina, una mujer con un estilo de apego ansioso que ha experimentado altibajos emocionales en sus relaciones. Desde joven, Alina ha anhelado constantemente la aprobación y el afecto de los demás debido a una infancia en la que sus necesidades emocionales no siempre fueron atendidas de manera consistente. Esta falta de seguridad en su entorno familiar ha llevado a Alina a desarrollar un patrón de comportamiento ansioso en sus relaciones interpersonales. En su relación con Carlos, Alina a menudo se preocupa por el futuro de su relación. Busca constantemente la validación de Carlos y busca señales de su amor y compromiso. Si Carlos no responde de inmediato a sus mensajes o no demuestra afecto de la manera que ella espera, Alina puede sentirse ansiosa y temer lo peor: que él la abandone. Estas preocupaciones a menudo resultan en conversaciones repetitivas sobre sus inseguridades, lo que puede generar tensiones en la relación. A pesar de su ansiedad, Alina es una persona amorosa y apasionada. Su deseo de conexión y cercanía es genuino, pero sus temores a menudo nublan su capacidad para disfrutar plenamente de la relación. Para superar su patrón de apego ansioso, Alina puede beneficiarse de la terapia y el autocuidado, para aprender a manejar sus inseguridades y desarrollar una mayor confianza en sí misma y en sus relaciones. Este ejemplo ilustra cómo las experiencias tempranas pueden influir en la forma en que buscamos seguridad y afecto en nuestras relaciones, y cómo el trabajo personal puede ayudar a transformar patrones de apego ansioso en relaciones más saludables y equilibradas

- **Evasivo:** adultos con apego estilo evasivo o despegado son lo opuesto a aquellos con apego ansioso. En vez de implorar intimidad, están muy cautelosos de cercanía que tratan de evadir alguna conexión emocional con otros. ellos prefieren no confiar en otros o dejar que otros confíen en ellos. Personas que tienen apego estilo evasivo sienten incomodo llegar a ser muy cercano emocionalmente con otros o confiar en ellos completamente.

- Ejemplo de un apego evasivo en una relación: Imaginemos nuevamente a Alina, una mujer con un estilo de apego evasivo que ha desarrollado una inclinación hacia la independencia emocional debido a experiencias en su infancia que la llevaron a creer que depender de los demás podía ser peligroso. Aunque Alina disfruta de las relaciones y la compañía de otros, a menudo se muestra reacia a mostrar vulnerabilidad o a compartir sus pensamientos y emociones más profundos. En su relación con Carlos, Alina puede parecer distante en momentos de conflicto o cuando surge la necesidad de intimidad emocional. A pesar de que ambos comparten momentos significativos, a veces se retiran de la relación para mantener su espacio personal. Esto puede llevar a Carlos a sentirse confundido o rechazado, ya que busca una mayor conexión emocional. A pesar de su naturaleza evasiva, Alina valora a Carlos y aprecia su presencia en su vida. A medida que trabaja en sí misma a lo largo del tiempo, se da cuenta de que su estilo de apego evasivo puede haber sido una forma de autoprotección, pero también reconoce la importancia de abrirse a la vulnerabilidad en las relaciones. Mediante la terapia y la autorreflexión, Alina está trabajando para equilibrar su necesidad de independencia con una mayor disposición a compartir y conectar emocionalmente, permitiendo que su relación con Carlos se fortalezca a medida que ambos crecen y se desarrollan juntos. Este ejemplo subraya cómo las experiencias tempranas pueden influir en la forma en que nos relacionamos con los demás y cómo el autoconocimiento y el esfuerzo personal pueden ayudarnos a superar patrones de apego evasivo en busca de relaciones más enriquecedoras y satisfactorias

- **Desorganizado:** una persona con este estilo de apego es desorganizado y confuso. Ellos esencialmente tienen el estilo evasivo y ansioso combinados, quieren cercanía emocional pero también no la quieren. Tienen miedo de confiar totalmente en otros, pero igual necesitan aprobación o validación. Muchas veces niegan sus sentimientos o son reacios a expresarlos. Son reacios a desarrollar una relación romántica cercana, pero tienen una extrema necesidad de sentirse amados por los demás.

- <u>Ejemplo de un apego desorganizado en una relación:</u> por última vez imaginemos a Alina, una mujer con un estilo de apego desorganizado que ha experimentado una infancia marcada por situaciones traumáticas y abusivas. Debido a estas experiencias, Alina ha desarrollado una relación ambivalente y contradictoria con las relaciones interpersonales. Aunque anhela la cercanía y la conexión emocional, también teme el abandono y la traición. En su relación con Carlos, Alina a menudo alterna entre comportamientos ansiosos y evitativos. En algunos momentos, busca desesperadamente la aprobación y la atención de Carlos, expresando sus inseguridades y necesidades emocionales de manera intensa. Sin embargo, en otros momentos, se retira bruscamente y se cierra emocionalmente, como si estuviera tratando de protegerse de posibles heridas. Carlos puede sentirse desconcertado por estos cambios de comportamiento en Alina. A pesar de sus sentimientos profundos el uno por el otro, la relación puede volverse tumultuosa debido a la dificultad de Alina para mantener una respuesta coherente. Sin embargo, ambos reconocen la importancia de abordar sus patrones de apego y trabajar juntos en su relación. A través de terapia individual y de pareja, Alina explora las heridas emocionales subyacentes que han contribuido a su estilo de apego desorganizado. A medida que trabaja en sanar y en aprender estrategias saludables de comunicación y afrontamiento, Alina comienza a encontrar mayor estabilidad emocional y coherencia en su relación con Laura. Este ejemplo destaca cómo las experiencias traumáticas pueden influir en la forma en que nos relacionamos con los demás, y cómo el apoyo terapéutico puede ser fundamental para superar patrones de apego desorganizado y construir relaciones más sólidas y satisfactorias.

Como Crear Apegos Seguros En Tus Relaciones

Hay ciertas ideas que todos deberían de recordar antes de establecer cualquier apego con otros. lo que debería de estar claro en nuestra mente es lo siguiente:

- ***Cuida de ti mismo:*** lo primero que tienes que saber es que a menos que tengas una relación sana contigo mismo, con tu mente y cuerpo, no serás capaz de tener una con alguien más. Necesitas estar en paz para ser el mejor compañero para tu pareja. Si no cuidas de tu mente y cuerpo, no será posible para ti encontrar el éxito en otra cosa.

- ***Formar un equipo con tu pareja:*** entiende que tu pareja es un ser humano como tú. No son magos. No pueden ser buenos en todo. Entonces, ofrece tu ayuda genuina y forman equipo para hacer que la relación funcione. Siempre será un viaje de dos y a menos que tu hagas tu parte, el barco no sobrevivirá.

- ***Estar allí para dar apoyo en momentos vulnerables:*** tu pareja necesita sentirse segura y cómoda alrededor tuyo, incluso durante momentos en los que se sientan débiles y vulnerables. Necesitas hacerles ver a través de tus palabras y acciones que estarás allí durante los buenos como en los malos momentos.

- ***Incrementa tu inteligencia emocional:*** la inteligencia emocional es la habilidad para entender, usar y manejar nuestras propias emociones de manera positiva para empatizar con tu pareja, comunicarse efectivamente, y lidiar con los conflictos de manera saludable. Construir inteligencia emocional puede ayudarte a reforzar una relación amorosa. Al comprender tus emociones y saber cómo controlarlas, sabrás mejor cómo expresar tus necesidades y sentimientos con tu pareja y también tendrás más información de cómo se sienten.

- ***No tengas miedo en buscar terapia:*** la terapia ayuda a ambos individuos y a la pareja. Una terapia de calidad te ayudará a descubrir tu estilo de apego, a establecer límites apropiados y a promover una relación sana.

Una relación es como un bote que tú y tu pareja navegan juntos en el océano de la vida.

Ambos podrían estar poco preparados para las tormentas que vengan, pero si hay un mutuo respeto, confianza y amor, ambos aprenderán cómo navegar incluso en las aguas más difíciles. Sin embargo, si ambos están muy ocupados pensando en lo que podría ser mejor o peor, incluso la más pequeña ola sería suficiente para tirar el bote.

· · ·

En cada relación siempre habrá algo bueno, malo y feo, pero así es la vida. Tu pareja debe estar dispuesta a agarrar cualquier oportunidad para ayudar a que la relación crezca.

Si tu pareja no está totalmente comprometida en hacer que los dos mejoren, juntos e individuales, puedes estar en una relación tóxica. En el siguiente capítulo, explicaremos cómo identificar una relación tóxica.

3

Identificar Las Relaciones Tóxicas

AHORA QUE HAS LLEGADO a este capítulo, estarás lo más probable buscando respuestas sobre la toxicidad que las relaciones pueden causar. El pensar que no habrá problemas en las relaciones solo porque estas con la persona que amas es irrealista. Estoy seguro de que ya sabes esto. En el capítulo anterior, discutí como el romance y el amor no son consistentes. Entonces, no importa cuánto amor tú y tu pareja compartan, los problemas llegan y esto es natural. Lo que no es natural, no obstante, es cuando los problemas se tornan tóxicos. El momento tóxico, de cualquier tipo, si entra a la relación, puede ser muy difícil de quitarlo. Entonces, ambas partes deben mantenerse alertas y notar cuando un problema que haya ocurrido para que de inmediato tomen acción para resolverlo. Esto es porque es importante identificar rasgos tóxicos en las parejas.

¿Qué Hace A Una Pareja Tóxica?

Esta es una pregunta compleja, y no hay respuestas en los libros porque la toxicidad es subjetiva hasta cierto punto. Sin embargo, hay señales de toxicidad que son las mismas para todos. Algunas de estas son:

- ***Cuando tu pareja está constantemente tratando de atraparte:*** no todo el mundo está al tanto de este tramposo comportamiento, especialmente al inicio de la relación. Puede tomar un tiempo antes de que te des cuenta de que las palabras de tu pareja están dichas de una manera específica para ponerte en evidencia. Puede parecer inofensivo cuando te dicen: "bueno, parece que tuviste una muy acogedora velada con tu compañero esta noche," cuando los dos regresaron a casa después de una fiesta en tu oficina. Lo que respondas decidirá el humor de esa noche y establecerá donde los dos están como relación (Young, n.d.).

- ***Cuando alguna de las partes empieza a negar sus necesidades porque a la otra persona no le interesa:*** es muy desafortunado cuando una relación toma el camino incorrecto y empieza a deteriorarse. Cuando estas con la persona incorrecta, no importan cuáles sean tus necesidades porque, para ellos, la relación es solamente un medio para obtener lo que <u>ellos</u> quieren. Entonces, después de este punto, dejarás de expresar o inclusive pensar en tus necesidades u opiniones porque sabes que a tu pareja no le importan, ni siquiera tú importas.

- ***Te sentirás mal todo el tiempo:*** sabes por hecho que una relación no va a ningún lugar bueno cuando te empiezas a sentir mal todo el tiempo. Puedes empezar a ver las razones de porque pasa esto, o puede ser algo que no entiendes que es, pero estas consciente que la presencia de tu pareja te está haciendo sentir deprimido y mal sobre ti mismo. Es una clara señal de toxicidad cuando la presencia de tu pareja deja de traerte alegría.

- ***Cuando decir "no" no está permitido:*** el consentimiento es uno de los factores principales para una relación sana. No importa que tan pequeño o grande sea el problema, cuando una persona no esté de acuerdo con esto, la otra persona no debería de forzarlos a hacerlo. Debes saber que una relación se empieza a hacer tóxica cuando notas que dar tu consentimiento ha dejado de significar algo para tu pareja.

Cómo Identificar Relaciones Toxicas

Entender estos conceptos no será suficiente para evitar la toxicidad a menos que los apliques cada día de tu vida.

Ahora vamos a discutir cómo puedes identificar relaciones tóxicas.

El primer requisito para identificar si tu relación se está volviendo tóxica es ser consciente de lo que está pasando. A veces, la toxicidad puede ser difícil de discernir, pero podrías identificarla si prestas atención a todo. Otras veces, la toxicidad puede estar enfrente de nosotros, pero no la registramos porque decidimos permanecer ciegos a ella. No estoy diciendo que el permitir la toxicidad sea culpa tuya. Pero tú eres una parte igual de importante en la relación como lo es también tu pareja. Cae en tus hombros ser consciente de todo. No deberías de ser pasivo al inicio y luego quejarte de lo que salió mal. Como todo en la vida, debes de ser sensato y tomar responsabilidad de tu rol en la situación. La actitud de ambas partes es importante para que la relación continúe.

La otra cosa que necesitas identificar para ver si tu relación se está volviendo tóxica es reconocer que la toxicidad es una posibilidad. Muchas veces, las personas cometen el error de mantenerse en negación sobre la toxicidad porque tienen miedo de estar solos o son muy dependientes de sus parejas o porque no quieren aceptar que su relación no es sana y que necesitan terminarla. Es común en la psicología humana que las personas busquen arreglar las cosas. Pero pregúntate a ti mismo, "¿por cuánto tiempo intente hacer esto?" no deberías de ser solo tú el que hace todo el esfuerzo.

Lo más importante, tú mereces más que solo estar deprimido todo el tiempo.

Esto no significa que tu o tu pareja son malos en las relaciones, o que la relación no tenga ningún valor o significado. Puede solamente significar que esto fue lo más lejano que los dos debieron de haber durado juntos.

. . .

<u>Tipos De Relaciones Tóxicas</u>

Hay muchos tipos de relaciones tóxicas. Las siguientes mencionados son las más potentes y comunes que deberías de estar atento:

- *El maltratador:* el maltratador es alguien que decide despreciarte por todo lo que haces. En la presencia de un maltratador, sentirás que tú eres el que siempre tiene la culpa. Empezarás a sentir que no estás con tu pareja romántica, sino que con tu jefe o superior. Esto pronto te hará sentir claustrofóbico. Una relación solo puede funcionar cuando ambas partes dan igualdad de respecto y de oportunidades para crecer. Irrespetar a tu pareja es cruel e insensible, y la insensibilidad es la toxicidad a su máximo esplendor.
- *El inductor de culpa:* esta persona, jugará el juego de victimizarse todo el tiempo para que te puedan echar la culpa y hacerte sentir culpable. No importa quién tiene la culpa, ellos harán lo posible para

que tu sientas que debes de asumir la culpa. Imagina la cantidad de estrés mental al que serás sometido si continúas en relación con este individuo.

- ***La pareja codependiente:*** probablemente la relación tóxica es la que se basa en la codependencia. Una persona en una relación codependiente no toma la responsabilidad de nada y se alimenta de la paz mental de su pareja. La parte cuidadora de la pareja puede experimentar tensión tanto emocional como física porque intenta darle a su pareja lo que quiera. Es como cuidar de un bebe, pero sin ningún crecimiento que te podría dar felicidad a cambio.

- ***La pareja posesiva:*** la pareja posesiva sufre de una falta de confianza en sí mismo. Como resultado, ellos se vuelven paranoicos y quieren controlar a su pareja. Ellos pueden decir que su posesividad es prueba de su preocupación por sus parejas, pero su meta es controlar. Si la pareja posesiva es desleal, ellos pensarán que su pareja también puede ser infiel. Esto hará que cuestionen todas las decisiones de su pareja y querrán mantenerse informados de todo lo que hacen, casi como un acosador enloquecido (Cory, n.d.).

Los Síntomas De Una Relación Tóxica

La toxicidad en una relación tiene muchos síntomas y señales importantes. Estar consciente de estos puede ser útil para identificar la presencia de toxicidad. Algunos de los síntomas más comunes de las relaciones tóxicas son:

- *Enojo:* el enojo en la parte de ambas personas es un síntoma de una relación tóxica. Te sientes enojado por ser víctima de la toxicidad, y ellos se sienten enojados como el medio que inicia la toxicidad. Como resultado, habrá tensión continua entre ustedes dos, y ambos perderán los estribos con frecuencia.
- *Adicción:* una persona tóxica es a menudo vulnerable al abuso de sustancias. Observa si esta es la razón por la que se comportan diferente o están dejando que su negatividad los controle cuando están

contigo. Una vez la adicción llega a la ecuación, muchos de los aspectos positivos de una relación pueden volverse malos.

- **Obsesión:** una persona tóxica a menudo se vuelve obsesiva con las personas y situaciones que pueden llegar a controlar. Esa obsesión puedes ser tú; pueden ser como los asuntos del hogar son manejados; puede ser a donde la relación va. Es natural para una persona tóxica intentar y mantener todo bajo su mando, y esto puede verse como obsesión.

- **Sentirse manipulado:** ¿sientes que estás siendo manipulado por tu pareja? En este caso, puede ser que tu relación sea tóxica. Quedarse juntos debería de ser sobre dos individuos que consintieron querer hacer eso. Ninguna de las partes debería manipular al otro, porque eso es insultante y desmoralizador.

- **Sentirse como la víctima:** en el momento que te empiezas a sentir como la víctima de la relación, no hay duda de que tu pareja y la relación se han vuelto tóxicas. Puede o no puede ser su intención, pero si te sientes como una víctima esto prueba que ya no hay espacio para ti en esa relación.

- ***Emociones negativas abrumadoras:***
cuando una relación se vuelve tóxica, las
emociones negativas predominan. Quienes
se ven como las víctimas se sentirán
insultados y sometidos a tortura psicológica.
El comportamiento de la pareja tóxica es
prueba suficiente de su negatividad. Como
resultado, esta relación particular
funcionará principalmente en emociones
negativas.

- ***Gaslighting (manipulación):*** el
gaslighting es cuando una persona tóxica te
manipula de una manera que hace que
constantemente cuestiones tu cordura, Se
refiere a un patrón de manipulación
psicológica en el cual una persona o entidad
busca minar la percepción, la memoria, la
confianza y la realidad de otra persona.
Estas personas tienen muchos trucos y
tácticas para asegurarse que sus
manipulaciones no sean obvias para que
nadie los acuse. El gaslighting, entonces,
nunca es evidente a la vista. Aun así, es una
práctica extremadamente peligrosa y dañina
que puede hacer que la víctima se cuestione
a sí mismo a cada momento y destruya
quienes son. Las parejas tóxicas muchas

veces manipulan a la otra persona para obtener lo que quieren. Una de las características clave del gaslighting es la negación sistemática de la experiencia y la realidad de la víctima. El abusador niega o distorsiona los hechos, incluso cuando son evidentes, lo que lleva a la víctima a dudar de su propia memoria y percepciones. Esto puede causar confusión y desorientación, ya que la víctima comienza a cuestionar su capacidad para entender lo que está sucediendo a su alrededor. El gaslighting puede ocurrir en una variedad de contextos, incluyendo relaciones personales, familiares, laborales y políticas. En relaciones personales y familiares, puede manifestarse como una forma de control coercitivo, donde el perpetrador busca mantener el poder y el control sobre la víctima al minar su confianza y seguridad en sí misma. En entornos laborales, el gaslighting puede ser utilizado por colegas o supervisores manipuladores para socavar la credibilidad y la autoridad de un empleado.

El Ciclo De La Relación Tóxica

Entender el ciclo de la relación tóxica es la única manera de quitarte a ti mismo de ella. Déjame llevarte a detalle describiendo las cuatro fases.

- **_Fase 1: la acumulación:_** después de observar el comportamiento tóxico algunas veces, empiezas a darte cuenta del patrón. A raíz de esto, la tensión se construye. Puede ser la sensación de caminar en puntitas o un vacío en el estómago que te dice que la tormenta llegará pronto. Muchas veces, esta tensión puede ser inaguantable. Sabes que algo va a salir mal, solo que no sabes cuando. Intentas actuar que todo es normal, así no los provocas.
- **_Fase 2: el incidente:_** esto es cuando el incidente tóxico ocurre. Esto puede ser una situación explosiva que sigue ocurriendo o algo que cause interrupciones constantes en la relación. Cuando un comportamiento tóxico ocurre, es doloroso, pero tú ya has estado ahí antes. La persona ha hecho otra vez, sin sorpresa, fracasado en cambiar su comportamiento. Estos incidentes pueden incluir argumentos, verbales o abuso físico,

enojo, culpabilidad, amenazas o intimidación.

- **_Fase 3: reconciliación:_** en esta fase, la persona responsable del comportamiento tóxico intenta justificar sus acciones y disculparse. Ellos dan excusas, minimizan el incidente y prometen que no volverá a pasar. Si la disculpa no es inmediatamente aceptada, ellos podrían intentar persuadir el perdón con regalos y bombardeo de amor.

- **_Fase 4: calma:_** la última etapa del ciclo es la calma. En esta etapa, la tormenta se ha calmado. Las compensaciones se hicieron, y estas otra vez siendo la pareja que fuiste antes del incidente. La relación parece ser más estable y el incidente es olvidado. La pareja tóxica puede hacer pequeñas mejoras durante este periodo. Sin embargo, durante el tiempo, empiezas a notar que esto empieza a disminuir. Esta una señal que el ciclo puede está repitiéndose y retornando a la fase uno.

¿Por qué nos quedamos?

Estoy seguro de que muchos de nosotros hemos preguntado esto ya sea sobre nosotros mismos y de las personas que conocemos. Dejar una relación tóxica es más fácil decirlo que hacerlo. Hay muchas razones fundamentales porque alguien se quedaría en una relación no sana o dañina.

Exploremos lo que sucede.

- *Baja autoestima:* tener baja autoestima es una de las razones principales por las que las personas se quedan en las relaciones incluso cuando son tóxicas. Ellos pueden entender que su pareja es mala para ellos, pero no pueden salir porque piensan que no podrían encontrar a nadie más o peor, que ellos merecen esta relación dañina.
- *Miedo a la soledad.* Algunas personas tienen un miedo tan intenso a la soledad que comprometen su salud mental y física para quedarse en una relación negativa y tóxica. Para ellos, estar solos es un pensamiento terrorífico, y prefieren ser tratados mal a estar solos.
- *Invertir:* algunas personas se involucran intensamente con su pareja y su relación que la posibilidad de perder la inversión emocional y física es abrumadoramente

aterradora. Esto es porque deciden quedarse en la relación tóxica.

- *La necesidad de ayudar o "arreglar" a su pareja:* muchas personas deciden quedarse en una relación poco sana por la necesidad inherente de ayudar o arreglar a su pareja. Ellos sienten que su pareja no se puede salvar a sí mismos, y ellos necesitan ir al rescate. Ellos tratan a su pareja como su responsabilidad y es su trabajo arreglarlos. Incluso cuando entienden que este deseo es tóxico (y usualmente en vano), ellos deciden quedarse y seguir intentando.

- *Familia e hijos:* algunas personas mantienen una relación tóxica por el bien de los hijos por la creencia que los niños podrían ser afectados de manera negativa por la separación de sus padres.

- *Manipulación y atrapamiento:* la manipulación es un contraste del abuso emocional dentro de una relación tóxica. Muchos individuos en relaciones poco sanas son constantemente manipulados para creer que el dejar la relación no es una opción. Muy seguido, ellos pueden sentirse aislados y distanciados de su red de soporte. Ellos

pueden tener miedo de dejar la relación
porque sus parejas los amenazaron.

Vivir en una relación tóxica es un infierno, y lo más rápido que salgas y sanes de ella, lo mejor será para ti. Entiendo que puede ser extremadamente difícil tomar este gran paso a pesar de entender que tan devastador es vivir en esa situación. Después de todo, si estamos hablando de dejar a la persona que amas. Pero a la persona que más deberías de amar es a ti mismo, y nadie vale la pena el poner tu salud mental en riesgo. Entonces toma un paso a la vez, pero asegúrate de salirte de esa relación lo más rápido posible.

4

Abuso Narcisista

El narcisismo es en efecto un factor en la toxicidad, pero tienen características distintivas que los diferencia. Puedes incluir narcisismo bajo la gran sombrilla del comportamiento tóxico en general, pero todavía necesitas saber lo que es exactamente ser abusado por un narcisista. Expliqué en capítulos pasados que es el narcisismo y describiré otros de sus aspectos en este capítulo.

Cualquier tipo de abuso tóxico es peligroso ya que puede dañar seriamente tu salud física y mental. Tiene el potencial de dañar psicológicamente de por vida. El abuso narcisista no es la excepción. Es, a veces, hasta más peligroso que otros tipos de toxicidad. Una persona que ha sido objeto de abuso por mucho tiempo puede, como resultado, perder el sentido en sí mismo completamente.

En este capítulo, hablaré de la diferencia entre toxicidad en general y narcisismo en particular así puedes identificar inmediatamente si estás en una relación con un narcisista. Te daré estos conceptos a detalle para hacerte ver las cosas claras.

Señales De Que Estás En Una Relación Con Un Narcisista

Puede no ser evidente al principio, pero si estás en una relación con un narcisista eventualmente tendrá un impacto en ti. Las siguientes son alguna señales que te pueden dar un pista de si tienes una pareja narcisista:

Tu pareja no puede manejar la retroalimentación: es una característica común en narcisistas que no pueden lidiar con la retroalimentación o la crítica de cualquier manera. Incluso si es una crítica constructiva, ellos no quieren escucharlo. Has leído en capítulos anteriores, que los narcisistas sufren de un agudo sentido de carencia en lo más profundo de ellos mismos. Nunca están seguros de lo que quieren y de lo que son capaces de hacer. Creciendo con esto, es natural que ellos sean quisquillosos de cualquier cosa que perciban como crítica.

Tus necesidades no son importantes para ellos: las necesidades de otras personas nunca son importantes para los narcisistas. No ven lo que está junto a ellos. Su único objetivo es asegurarse que sus necesidades sean satisfechas. No tienen empatía, entonces naturalmente, si estás obteniendo lo que necesitas no es importante para ellos. En una relación con un narcisista, ocurre que tú eres el que siempre se compromete y todo ocurre a costa tuya.

Ellos están obsesionados con la idea del éxito: una relación funciona en diferentes niveles. El crecimiento individual de ambas partes es necesario para que la pareja crezca como una unidad. Dicho esto, no debería de haber una situación donde una persona se obsesione con la idea del éxito y que el proceso de la otra persona sea descuidado.

Un narcisista ni siquiera sabe que es el verdadero éxito porque están muy fijados en su propio concepto de él. En un esfuerzo para satisfacer su ego, ellos ciegamente irán tras la idea de su éxito sin mirar nada más. En este caso, la relación nunca se desarrollará completamente o ayudará a que las partes individuales crezcan.

Te manipulan: ¿Sientes que estás siendo manipulado en la relación que estás actualmente? Una de las mayores razones por las que sientes esto puede ser porque tu pareja es narcisista. Ellos tienen esta idea de aumentar su autoimagen disminuyendo la de los demás. Su complejo de superioridad se desarrolla manipulando a los demás, especialmente personas cercanas a ellos. Ponen a otros en constante miseria por medio de sus trucos y tácticas solo para que ellos se sientan envueltos en poder (Miller, 2021).

Aparte de las señales mencionadas anteriormente, hay otros indicadores que te pueden decir si estás en una relación narcisista. ¿Tu pareja parece tener sentido de pertenencia?

¿Acaso ellos creen que estás celoso de ellos? Estas son señales de narcisismo también.

. . .

Ahora que hemos establecido lo que deberías de buscar para reconocer si estás en una relación con un narcisista, déjame llevarte sobre las señales que tu deberías de buscar para determinar si estás en una relación abusiva.

Toxicidad VS. Abuso

¿Cuál es la diferencia entre una relación tóxica y una relación abusiva? Muchas personas usan estas frases idénticas para hablar de relaciones poco sanas y dañinas, pero no se tiene un desglose claro de qué es lo que constituye un comportamiento tóxico y lo que constituye un comportamiento abusivo.

Muchas veces, hay superposiciones con el comportamiento tóxico y abusivo, no hay una línea clara que las divida a las dos. Todo recae en el contexto: ¿Qué está pasando? ¿Dónde está el comienzo? ¿Quiénes están involucrados? ¿Cómo y por qué está pasando? La toxicidad y el abuso puede ocurrir en cualquier relación, puede ser entre amantes, padres e hijos, compañeros de trabajo, amigos y hermanos. También puede ser muy subjetivo y relativo a la percepción del individuo. En una situación, el comportamiento puede ser tóxico; en otra, puede ser abusivo; y en otra, no puede ser ninguno.

Como muchas de las complejidades de la vida, el comportamiento tóxico y abusivo existe en un espectro. Para entender donde una ofensa podría caer, considera que límites fueron cruzados, cuantas veces el comportamiento fue repetido, y la intención de la acción. Todos estos factores pueden ayudar a determinar qué tan serio es.

Algunos comportamientos tóxicos son relativamente benignos y pueden ser descritos como falta de respeto, un mal hábito o mala elección. Si alguien hace estas cosas raramente o solo una vez, difícilmente se podría considerar un comportamiento tóxico. Si ha hecho estas cosas repetidamente, especialmente si el individuo ha sido confrontado por esto en el pasado, se puede hablar de un comportamiento tóxico. Sin embargo, hacer estas cosas con la intención de lastimar (física, mental o emocionalmente) significa que el comportamiento es abusivo. Muchos sobrevivientes de abuso psicológico pueden atestiguar que es la acumulación de "pequeñas cosas" hechas con la intención de lastimar causan angustia.

. . .

Las personas hoy en día muchas veces etiquetan algo como tóxico o abusivo cuando algo no funciona. Pero tienes que saber la diferencia entre las dos, para que tomes los pasos necesarios para asegurar tu salvación. Así como es de importante no tolerar estos comportamientos, también es importante no saltar a conclusiones y ser muy claro sobre lo que está pasando.

Estás en una relación tóxica cuando sientes que no hay espacio para que ambos crezcan y cuando todas las peleas, incluso las más pequeñas, causan un grave alboroto emocional. Tu pareja se comporta de manera tóxica cuando necesitan constantemente atención y validación, pero no les importa si tú obtienes lo mismo. Estás en una relación tóxica cuando te sientes como una víctima todo el tiempo y eres sometido a agresividad, pasividad – agresividad, vergüenza, y otros comportamientos degradantes cuando las expectativas de tu pareja no son cumplidas.

Cuando estás en una relación abusiva, sientes que eres dominado, manipulado, mal usado, y engañado todo el tiempo. Tu relación es abusiva cuando empiezas a sentir que tu pareja está siendo hiriente a propósito y está tomando pasos calculados para hacerte sentir mal de cualquier manera. Puede empezar con ellos siendo solo abusivos mentalmente, pero en algún punto, el abuso puede llegar a ser físico. Tu relación es abusiva cuando tu pareja te manipula (gaslighting) y necesita estar en control de todo, sea financiero, social o control sexual. Ellos demandan tomar las decisiones de la relación. Una pareja abusiva te intentará maltratar cuando tenga la oportunidad, haciéndote sentir presionado y dominado.

¿Estoy en una relación abusiva?

Como mencioné antes, hay una línea muy fina entre abuso y toxicidad. Es vital que entiendas las diferencias porque las precauciones y técnicas a las que debes de hacer frente son un poco diferentes.

Las siguientes son algunas señales que demuestran que puedes estar en una relación abusiva:

Tu relación ha pasado por varias rupturas y reconciliaciones: las relaciones abusivas nunca son tranquilas. Si estás en una relación así, está la posibilidad que has pasado por muchas rupturas y reconciliaciones. Una pareja abusiva nunca estará satisfecha por completo con lo que tú le das, física y emocionalmente. Siempre estarán decepcionados y necesitados. Ellos usan el trauma emocional de la separación como medio para abusar más.

Ellos disfrutan verte pasar por el dolor de la ruptura porque así es como están sus mentes pervertidas y trastornadas.

Estarás perdido porque no comprendes lo que haces mal.

Mientras que ellos obtendrán placer al torturarte.

Tu pareja usa "bombardeo de amor" para manipularte: el bombardeo de amor significa tomar ventaja de los sentimientos de las personas para manipular y abusar de ellos de maneras que ellos no anticipan para satisfacer el ego de la persona que hace el bombardeo. El bombardeo de amor es una forma de la relación codependiente, donde una pareja abusiva intenta compensar todo lo que hace mal en la relación al intentar convencer a su pareja que lo ama. Este modelo de abuso emocional es un esfuerzo para convencer a la pareja abusada que ellos son los responsables de todo lo malo que pasa. También los fuerza a ser la persona más responsable y madura en la relación todo el tiempo.

Ellos insisten en ir contigo a todas partes: solamente alguien que no confía en ti y que quiere usar tus errores y vulnerabilidades para su beneficio para ejercer poder sobre ti querrá estar contigo todo el tiempo (Puggle, 2021). Van contigo a todas partes no porque te amen y que no puedan estar ni un momento sin tu presencia, sino que para hacerte sentir que ellos no confían para nada en ti. Eso es señal de un posible abuso.

Incluso si tú eres la parte abusada, todavía quieres complacer al abusador: una de las maneras de darte cuenta si estás en una relación abusiva es preguntándote si quieres complacer a tu pareja cuando claramente sabes que no te están tratando bien. Una pareja abusiva hará el punto de establecer el hecho que todo lo malo que pase en la relación es tu culpa. Ya sea por amor ciego o por miedo a más abuso, inconscientemente desarrollas el hábito de tratar de complacer a tu pareja en cualquier situación.

Las relaciones abusivas son usualmente explosivas y muchas veces pueden volverse violentas físicamente. Sin embargo, con las advertencias anteriores, te he intentado revelar algunas de las más sutiles, pero igual de dañinas señales que deberías de buscar.

Tácticas De Manipulación

Los narcisistas tienen muchos trucos para manipularte al igual que forzarte a llevar tu corazón en la manga cuando estás con ellos. Es su logro más grande el hacerte hacer lo que ellos quieren, entonces veamos algunas de las formas que usan.

- *Proyección:* hay muchas maneras en que los narcisistas usan la proyección para manipular a las personas a su alrededor. Su inherente falta de coraje y autoconfianza hace que nieguen o eviten cualquier culpa hacia ellos mismos, a cambio, ellos tratan de culpar a otros de todo lo que sale mal y así satisfacen su ego. Este tipo de manipulación puede tomar forma al imitar a alguien,

exagerar ciertas cosas e ignorar otras, o
planeando un ataque preventivo hacia
alguien para hacerlos incómodos o
avergonzarlos. Estas son muchas de las
estrategias que los narcisistas pueden usar
para manipular a sus víctimas a través de la
proyección.

- ***Deliberadamente hacerte sentir tonto:***
  una de las tácticas más comunes que los
  narcisistas usan para manipularte es que
  deliberadamente te hacen sentir tonto o
  culpable. A cada momento, ellos
  cuestionaron tu inteligencia e ignoraran su
  existencia. Recuerda, cualquiera sea la
  situación, el narcisista siempre te ve como
  una herramienta para obtener lo que
  quieres. Al aplastar tu espíritu interior, ellos
  esperan hacerte un vegetal emocional,
  alguien que no tiene una opinión sobre
  nada. Como resultado, ellos pueden
  aprovecharse de ti fácilmente. Con un
  narcisista alrededor, siempre te cuestionaras
  a ti mismo y te sentirás estúpido de las cosas
  que no hiciste.
- ***Evitar responsabilidad:*** es una clásica
  característica narcisista el evitar la
  responsabilidad. No importa que lo que

hicieron no fue exitoso, vergonzoso o que los hizo quedar mal, ellos nunca lo admitirán. Ellos rehúsan tomar responsabilidad de cualquier cosa que no los haga ver bien o que alimente su ego, y tienen maneras ingeniosas para ponerle la culpa a los demás. Si tú eres su objetivo, no tendrás ninguna idea de cuándo o porqué tú recibirás la culpa. El narcisista ya te habrá hecho sentir tan inepto que cuando te eche la culpa, no te sentirás en ninguna posición para negarlo. Serás manipulado para creer que tu si hiciste esa cosa, cuando en realidad, no lo hiciste.

- ***Condicionamiento destructivo:*** el condicionamiento destructivo es otra táctica que los narcisistas usan para manipularte. Ellos condicionarán tu mente, día tras día, para hacerte creer lo que ellos están proyectando en ti. Destruirán lo que tu pienses de ti mismo y se cerciorará de que no puedas pensar racionalmente al introducir la duda en tu mente. Cuando empiezas una relación con un narcisista, antes que lo sepas, serás condicionado a volverte alguien que puede ser fácilmente moldeado y quien aceptara cualquier cosa que se les diga. Tu pareja tendrá completo control sobre ti. Después de esto, tu pareja no necesitará estar presente para manipularte porque tú sabes lo que ellos esperan que hagas y lo harás automáticamente.

Ahora que ya sabes como un narcisista te puede manipular, déjame decirte porqué muchas personas deciden quedarse en esa relación incluso después de darse cuenta de lo que pasa.

Porque Nos Quedamos Atrapados En Relaciones Con Narcisistas

Puede ser una sorpresa para ti que las personas se queden en relaciones con alguien que saben que es narcisista, o puedas conocer a alguien que se quedó en una relación tóxica incluso después de saber la verdad. Si, las personas muchas veces encuentran dificil terminar estos tipos de relaciones no sanas y hay razones válidas para esto. Te explicaré algunas de estas porque es importarte que tu sepas cuales son para ayudarte a ti mismo o a alguien más para que escape de esa relación.

- *Unión por trauma:* muchas relaciones tóxicas empiezan con cuidados y atenciones. Así es como una persona tóxica te atrapa. Una relación narcisista no es tan diferente. Entonces, cuando la atención termina y los malos tratos comienzan, te toma por sorpresa. Por este tiempo, has creado un lazo con esta persona, a quien todavía percibes como atenta y cariñosa, entonces tratas de racionalizar su cambio de comportamiento con la creencia que todavía deberían de estar juntos. Entras en negación y dejas que las memorias felices del lazo que formaron al principio disfracen el trauma presente.
- *Perdida de ti mismo:* una víctima de una relación narcisista puede encontrar que es difícil dejarla porque, en toda probabilidad, han perdido su sentido de valentía y su seguridad en sí mismos. Como ya mencioné anteriormente, un narcisista manipula a su víctima al destruir su espíritu. Entonces, en el momento que la víctima entienda lo que está pasando, no pueden imaginarse vivir

sin esta persona. Han sido sometidos a abusos por tanto tiempo que se han hecho familiares a estos.

- **El sueño:** una relación es un drama que involucra a dos personas, ante todo. Puede sonar estúpido o absurdo, pero para la víctima en una relación con un narcisista, una de las razones principales para quedarse son esa persona es el sueño constante de regresar a los buenos días del pasado. Estas relaciones casi siempre empiezan súper bien. Esos recuerdos felices son tan fuertes y vívidos que la víctima trata de hacer lo mejor para creerlos, y que eventualmente, ellos y su pareja serán otra vez lo que fueron en esos hermosos días. Seguirán soñando que los días felices regresaran y eso es lo que hacen que se queden y sufran.

- **Falta de apoyo:** cuando una persona ha estado en una relación tóxica con un narcisista por mucho tiempo, es muchas veces el caso que el narcisista ha cortado los recursos de apoyo externo de la otra persona, entonces ellos creen que están atrapados. La víctima, en toda probabilidad, no tendrá ningún apoyo financiero o emocional de nadie más. Entonces, incluso si piensan en terminar, no podrán hacerlo porque no hay algún lugar dónde puedan ir.

- ***Invertir demasiado en la relación:*** en muchas ocasiones, la persona que es la víctima en la relación tóxica habrá invertido mucho de sí mismo en su relación y en su pareja, y un narcisista se asegurará que su pareja haya invertido mucho. Quizá ellos pretendan que hagan lo mismo, por un tiempo, para que sus intenciones no sean cuestionadas. Pero si la víctima piensa en terminar, su inversión emocional les regresará a ellos. La inversión emocional les dice que no se rindan y que esperen un poco más. Esto aumenta el sufrimiento mucho más.

- ***Preocuparse de lo que digan los demás:*** estamos muchas veces atrapados con la carga de, "¿Qué pensaran las personas?". Esto puede interferir para que una persona tome el paso para terminar una relación. Una víctima puede pensar que se reirán de ellos, hablarán sobre ellos o los culparán. Además, que la confianza en sí mismos ya ha sido destruida por su pareja narcisista, entonces se vuelven ansiosos de lo que las persona podría pensar.

- ***Pensar que el abuso es merecido:*** cuando alguien ha sido víctima de un abuso narcisista por mucho tiempo, son manipulados para pensar que merecen ese maltrato. Empiezan a pensar que debe de ser así. Ellos intentan esperar porque tienen sentimientos genuinos por su pareja. Entonces, no importa el trato que obtienen a cambio, ellos piensan que es mala suerte o que se lo merecen.

Si el abuso narcisista continúa, puede afectar por el resto de tu vida, como ya lo mencioné antes. Muchas veces, la víctima ni se da cuenta de lo que está pasando porque están muy manipulados. Sin embargo, digamos que te diste cuenta de que estás involucrado con un narcisista o alguien más se dio cuenta de esto. En este caso, es tu responsabilidad el tomar las acciones necesarias para detener esto inmediatamente.

5

Terminando El Ciclo Tóxico

En el capítulo anterior, hablé sobre los diferentes aspectos de las relaciones tóxicas. Si te reconociste a ti mismo mientras leías, ahora es el momento de tomar medidas cruciales para terminar este ciclo tóxico. Puedes quizá saber lo que está pasando, y quizá también entiendas tu propia mente o la de la otra persona. A menos que empieces a tomar pasos conscientes y voluntarios para terminar eso, nada mejorará. Nada bueno sale de solo saber cuál es la situación. El cambio depende de que tomes el mando y termines esa relación.

Ya sea abuso narcisista u otra forma de toxicidad, no termina por sí solo. Al contrario, lo más seguro es que se intensifique mientras más pasa el tiempo. El abusador acumulará más poder sobre la víctima, y la víctima gradualmente se perderá a sí misma y su sentido de alerta durante el proceso.

Una relación tóxica puede ser vista como una situación en la que el balance de las básculas de poder gradualmente se cambia al lado del abusador hasta que esta persona domina a la otra. A menos que la víctima se ponga firme y se defienda a sí misma, este desbalance de poder va a continuar. En capítulos pasados, hablé de las causas y las razones de la toxicidad, narcisismo y el abuso. En este capítulo, hablaré de las muchas maneras en la que puedes terminar un ciclo tóxico y librarte de una relación abusiva.

Autorreflexión

La primera cosa de la que estaré hablando es la autorreflexión. Si no reflexionas sobre ti mismo, no harás ningún proceso individual, y ciertamente no encontrarás la fuerza para dejar una relación tóxica. Entonces déjame decirte porqué hacer una autorreflexión es necesario y cuenta como proceso.

. . .

Cuando haces la autorreflexión, la primeras emociones en las que te tienes que enfocar son la vergüenza y el miedo.

Necesitas entender que estas emociones juegan un papel crucial en la vida de todos los seres humanos. Es solamente natural de una persona que ha sido víctima de toxicidad por mucho tiempo sentirse asustado y avergonzado. Esto puede ocurrir por muchas razones. La pareja tóxica y abusiva puede haber dado más que suficientes razones para sentirse avergonzado.

La persona tóxica pudo haberle insultado en público o lo ha avergonzado en cualquier oportunidad que tiene. Al mismo tiempo, pudieron haber abusado de la víctima física y emocionalmente, creando miedo.

Cuando te das cuenta de que es tiempo de irte de esa relación tóxica, a menos que te conozcas a ti mismo a profundidad y explores tus emociones, no serás capaz de completar la ruptura con la persona tóxica. Solo cuando tú reconozcas completamente lo que estás sintiendo serás capaz de poner la toxicidad en tu pasado y seguir adelante.

. . .

Primero, tienes que preguntarte a ti mismo qué es lo que específicamente te hace sentir asustado o avergonzado. Es crítico no ignorar ninguna emoción y entender que todo sentimiento es válido. El último paso es aceptar tus emociones para que te puedas sentir confiado para controlar tu vida.

Cuando has descubierto y reconocido tus miedos y esas cosas de las que estás avergonzado, la siguiente cosa que debes de saber es que no van a desaparecer a menos que tomes acción. En toda probabilidad, estas emociones te están estorbando en tu vida diaria y te causan dificultad en tus actividades del día a día. Aquí es donde llega la autorreflexión.

Puedes esconderle algo a todo el mundo, pero debes de saber esto: no puedes esconderlo de ti mismo y esperar que algo cambie. Siéntate contigo mismo y piensa en lo que estás sintiendo. Verifica que estás siendo completamente honesto contigo mismo y no esconder nada. Intenta entender qué es lo te provoca. La autorreflexión es el primer proceso para limpiar tu alma de todo el maltrato y tortura por la que ha pasado. Esto es a lo que me refiero con ser empático contigo mismo. Cuando no ignoras lo que has pasado y te das todo el crédito por ser lo suficientemente valiente para considerar salirte de ahí, hará posible que puedas dejar tu pasado atrás exitosamente (Sutton, 2021).

Cuando has tomado este primer y esencial paso de la autorreflexión, lo más probable es que encuentres un torrente de emociones. Estas muchas veces son emociones que tu pareja tóxica ha causado que reprimas por mucho tiempo. Necesitan salir a la luz, pero lo más importante, es que necesitan ser expresadas de manera sana. Aquí es donde la comunicación hábil entra en acción.

Habilidades De Comunicación Sanas

La comunicación es importante primordialmente al querer terminar el ciclo tóxico y para despedirse definitivamente de una vida no sana. Necesitas ser capaz de comunicarte con tus seres queridos para que puedas superar todo el pasado traumático. Abajo he enlistado algunas estrategias para una comunicación positiva con los demás sin dejar que tu enojo, frustración e irritación obstruyan tu camino.

- ***Ser consciente emocionalmente:*** el primer paso a tomar cuando nos comunicamos con los demás es ser consciente emocionalmente. Ya sea que te estás comunicación con tu pareja abusiva, tu terapeuta, tu familia o tus amigos, necesitas ser consciente de la situación. Estar presente en esos momentos. Tus emociones pueden empezar a dominarte, y tus miedos tratarán de quitarte tu valentía. Debes de saber esta verdad: el simple hecho de que tú has agarrado valentía para salir de una relación abusiva es prueba suficiente que eres capaz de tomar el control de tu vida. Entonces, no dejes que tu pensamientos del pasado te dominen, y en vez, sé consciente de lo que está pasando enfrente de ti. De esta manera, tendrás mejor control de tus emociones y vas a permanecer en el presente. Como resultado, te comunicarás mejor.

- ***Organiza tus pensamientos:*** dado que has sido víctima de una relación narcisista y tóxica por mucho tiempo, es solamente natural que tu tendrás muchas cosas que decir cuando tengas la oportunidad. Tus emociones y sentimientos han sido ignorados, y no se les prestó atención a tus pensamientos. Ahora que tienes la oportunidad de expresarte, todos estos pensamientos están tratando la manera de salir todos al mismo tiempo. Sin embargo, necesitas dar a cada pensamiento su propia importancia, entonces tomate el tiempo para revisarlos a cada uno con cuidado y completamente, y así te puedes comunicar de la mejor manera posible. De esta manera, puedes expresar completamente todo lo que quieras y que necesitas decir, y así tu mente, la situación y el sentimiento exacto serán entendidos completamente por la persona que te escucha.

- *Usa lenguaje simple y claro:* cuando estás hablando de algo desagradable, es natural que te sientas tenso y que empieces a mezclar tus palabras, dado que tus emociones están en todos lados. Puedes sentir difícil expresar a otros lo que sientes. Es importante que estés calmado, te concentres y hables de manera clara y concisa. No importa con quien estés hablando, puede ser tu terapeuta, la policía o alguien más, ellos necesitan entender lo que está pasando exactamente y cómo te sientes para que tomen las acciones necesarias. Necesitas la voz para que te escuchen, entonces es esencial usar un lenguaje simple y directo. Toma una respiración profunda, ordena los pensamientos en tu mente y luego empieza a hablar. De esta manera, serás capaz de comunicarte de mejor manera, y todo lo que tengas que decir será claro para la persona que te está escuchando.

- **Valida tus sentimientos:** si has pasado mucho tiempo con una persona tóxica, está demostrado que nunca te trataron con el respeto que mereces. Tus necesidades nunca fueron consideradas, ni siquiera fueron dichas, y tus sentimientos fueron ignorados. Como resultado, te acostumbraste a creer que tus sentimientos no importan. Te acostumbraste a no darle a tus sentimientos la importancia que merecen. Ahora te das cuenta de que no es sano y que debes de reconocer y aceptar tus emociones conflictivas. A menos que valides tus sentimientos, no serías justo contigo mismo. Debes de darle crédito a todo lo que sientes, y esto hará que otros empiecen a entender lo que ha pasado y cómo te ha afectado. Entiendo que es más fácil decirlo que hacerlo, dada tu historia traumática pasada. Pero nunca es tarde para empezar a hacer lo correcto. Empieza a tratarte a ti mismo de la manera que quieres que otros te traten, y mira la gran diferencia que hace. En cualquier momento que te comuniques con alguien, nunca denigres tus sentimientos. Esta es una buena práctica para volver a ganar tu poder.

- ***Trata de mantener el estrés bajo control:*** el estrés puede causar mucho daño, algo de lo que creo que ya estás consciente. Cuando le comunicas a alguien tu relación tóxica, es natural que te estreses porque todas esas memorias traumáticas siguen presentes en tu mente. Es lógico que tu no quieras recordar esto, ya que estas memorias también pueden servir como provocadores que crean estrés adicional en las personas que están intentando poner el pasado en su lugar. El estrés puede hacer difícil la comunicación, pero ya estás consciente de esto. Puedes fallar para decir lo que necesitas decir, y puedes sentir que mucho se perdió. Esto es por qué necesitas tener un control firme en tu estrés y visualizar lo que quieres decir claramente. Cuando estás seguro de que tienes el estrés bajo control, procede con lo que quieres decir. De esta manera, estarás consciente de los puntos que quieres hacer y cómo los quieres hacer para comunicar tus sentimientos apropiadamente (Robinson, Segal, y Smith, 2020).

- ***Ser dueño de lo tuyo:*** ser dueño de lo que es tuyo, especialmente cuando has decidido dejar una relación tóxica, es crucial. Si has sido una víctima del abuso tóxico, estoy seguro de que tú sabes mejor que otros cuánto has negado lo que es tuyo por mucho tiempo. Ya sean tus sentimientos o algo más, nada de eso obtuvo la atención que se merecía. Ahora es tiempo de demandar lo que es tuyo. Cuando te comunicas con alguien, debes estar seguro de ser muy claro desde el principio sobre las cosas a las que no te comprometes y todo lo que te ha pasado. Cada una de tus emociones es válida, ya sean buenas o malas. Por todo ese tiempo, tú aceptaste las malas, ahora es tiempo para que hagas lo mismo con las buenas. Necesitas ser dueño de todo para ser capaz de aceptar el pasado y seguir adelante hacia un futuro que no incluya comprometer quién eres.

. . .

Todos los puntos mencionados arriba son maneras para comunicar de manera sana y exitosamente tus sentimientos hacia los demás. Si no escoges maneras sanas para comunicarte, no será fácil para ti expresar claramente tus pensamientos y emociones hacia los demás. No estarías siendo justo contigo mismo a menos que adoptes maneras sanas para interactuar. Ahora que has decidido poner toda la negatividad y el pasado tóxico atrás tuyo, es tu responsabilidad comunicarte de manera que agregue positividad a tu vida.

Después, hablaré de lo que es más importante para irse de una relación tóxica, los métodos por lo que te puedes liberar a ti mismo de la persona tóxica, lo que es, después de todo, el último objetivo.

Cómo Liberarte De Una Persona Tóxica

Uno de los principales objetivos de este libro es el de darte soluciones para liberarte de la persona tóxica que ha estado agregando miseria a tu vida. Entonces, aquí estoy, cumpliendo mi promesa. Ahora explicaremos algunas de las maneras más efectivas para que dejes exitosamente a la persona tóxica y termines el ciclo de toxicidad.

Enfrenta Tu Realidad

La primera que debes de hacer es realizar y confrontar la realidad de la situación. Aceptar que estás en una relación tóxica. Cuanto más estés en negación, más tiempo tardarás en sacar a esta persona de tu vida. Claramente, nadie quiere que eso les pase, pero ahora que pasó, en vez de dejar que el miedo o la vergüenza te controle, acepta la situación, y no desperdicies ni un solo momento para trabajar para recobrar tu libertad. El enfrentar tu realidad no solo significa ser realista sobre la relación tóxica, sino también de recuperar respeto por tu vida y ganar tranquilidad mental. Significa que no te estás rindiendo y has decidido dejar de darle oportunidades a la otra persona. Ahora, sabes tu realidad, que es que nunca van a cambiar. Con esto acepta la situación, se volverá más fácil manejar cualquier cosa que pase y tomar los pasos necesarios.

Se Responsable

. . .

Cuando estás revisando todas las maneras en la que has sido maltratado, debes de averiguar tu propia responsabilidad también. No estoy diciendo de ninguna manera que eres tóxico como tu pareja. Sin embargo, cada ser humano tiene su parte de responsabilidades y también tú las tienes. Es por esto que necesitas no solamente eliminar a esa persona tóxica de tu vida, sino también enfrentar la parte de ti que acepta tolerar la situación por mucho tiempo. Debes aceptar que no eres perfecto y reconocer los errores que cometiste.

Cuando hagas esto, dejar ir a la persona que era tan poco sana para ti es más fácil. Debes de entender las dinámicas de la relación, y también aprenderás que ya no debes de comprometer quién eres. Lo que, es más, tendrás más precaución con quien confías y cómo te comportas en el futuro, así no se repiten los mismos errores.

Hazte A Ti Mismo Una Prioridad

Debes entender tu propio valor antes de librarte a ti mismo de un individuo tóxico. Una persona tóxica te hará creer que no eres nada bueno y que eres fácilmente reemplazable.

Es hora de que te des cuenta de que este no es el caso.

Debes de hacerte la prioridad más grande para que así, de ahora en adelante, nadie intente maltratarte. Debes estar seguro de cuidar todas tus necesidades físicas y emocionales para que así nadie te haga sentir menos. Solo cuando tu mente y cuerpo se sientan en completa tranquilidad contigo mismo serás capaz de dejar exitosamente una relación negativa. Entenderás completamente tu valor y no dejarás que nadie te tome por sentado (Firestone, 2017).

Encuentra Apoyo

Intenta encontrar el apoyo externo que más puedas para cuando te separes de la persona tóxica. Los individuos tóxicos usualmente sostienen mucho poder sobre nosotros mismos, entonces debes estar seguro de que estás estable financieramente y tienes un lugar seguro para ir antes de dejarlos. Asegúrate de tener tanto legal como ayuda médica para que así, una vez que estés afuera, la persona tóxica no pueda causarte ningún daño. Una persona abusiva puede ir a grandes pasos para causarle dolor a su víctima. Ellos tienen un gran ego, lo que hace que quieran buscar venganza porque los dejaste. Es por esto que necesitas tener el apoyo correcto para garantizar tu seguridad.

Pon Límites

Poner límites es una de las cosas más importantes que hacemos en la vida. Cualquier persona que viene a tu vida debería de saber cuáles son tus límites y que les pasara si los cruzan. Esto ayuda a las personas a saber lo que es aceptable y, lo más importante, les ayuda a evitar problemas innecesarios. Cuando una persona tóxica en tu vida cruza la línea, hazles saber esto y las consecuencias si continúan irrespetando tus límites. Lo más profesional que te comportes hacia ellos, más fácil será para ti el tener el control de la situación.

Alentarlos A Buscar Ayuda

. . .

Es muchas veces difícil entender por qué las personas se comportan de manera tóxica. Pero podría ayudar el considerar que ellos quizá están lidiando con algunos problemas o personas que les causa que sean así. Esto no les excusa su comportamiento problemático, pero ayuda a entenderlo.

Hay que alentarlos para que hablen con un terapeuta sobre él porque actúan de la manera en la que lo hacen.

Vete Si Es Necesario

En muchos casos, es necesario dejar una relación tóxica para poder sanar y seguir con tu vida. Una relación solo funciona por el tiempo que ambas partes quieran, pero tampoco debería de continuar si alguna de las partes está siendo abusada. En el momento que una de las partes decide ya no participar más en mejorar la relación, muchas veces termina a menos que se haga un esfuerzo sustancial para enfrentar los problemas. Esto normalmente es más exitoso si la terapia en pareja está involucrada. Si tu pareja te ha hecho creer que no lo puedes dejar, o te amenaza si consideras dejarlo, necesitas darte cuenta de que esta persona te está manipulando. Si tú has tratado genuinamente de cambiar la dinámica de la relación y disminuir la toxicidad y nada ha funcionado, es tiempo de irse. Mereces mucho más que una persona abusiva que intenta tomar ventaja de ti. No necesitas explicarle nada a nadie cuando tu seguridad y paz mental están en juego.

Tu siempre debes de ser tu más grande prioridad. Nunca dejes que nadie te haga creer lo contrario. Cualquier relación, ya sea con un familiar, amigo, jefe o pareja romántica, nunca debería de poner en peligro tu relación contigo mismo. Cuando una persona tóxica amenaza con quebrantar tu balance, la mejor cosa que deberías de hacer para ti es eliminarte a ti mismo del ciclo tóxico.

Para más información en cómo volverte más asertivo y confidente cuando te enfrentas con personas tóxicas, te recomiendo mi libro "Entrenamiento Asertivo: Aprende A Decir NO Y Deja De Complacer A Las Persona Al Establecer Límites Sanos".

Espero que este capítulo haya sido de ayuda para darte las respuestas que has buscado para aprender cómo terminar un ciclo tóxico.

6

Sanar y Recuperarse Después De La Tormenta

ESTAR en una abusiva o de lo contrario una relación tóxica, por cualquier cantidad de tiempo, puede ser comparado con vivir dentro de un huracán. Cada día, te enfrentas a una tormenta y estoy seguro de que eso te ha dejado agotado. Sin embargo, el hecho de que estas reconociendo lo que sucedió y que ahora estás buscando respuesta de cómo poner esta experiencia en tu pasado muestra que tan valiente eres. Estoy muy orgulloso de ti. No es fácil salirse de una relación tóxica, como he discutido a profundidad en capítulos anteriores. Pero salir de una relación abusiva o tóxica es solamente el principio. Lo que sigue después es sanarse de esto.

. . .

Como es difícil vivir con toda esa negatividad, también es difícil sanar de ella. Las razones son muy claras.

Ser sometido a toxicidad y a una prolongada exposición a energía negativa puede hacer que cualquier persona sea incapaz de aceptar la positividad por mucho tiempo después de esa experiencia. Lleva un trabajo muy intenso el deshacerse de los eventos pasados para que una persona pueda recuperar la confianza en sí misma y tomar pasos para su propio beneficio. Este es exactamente donde el problema vive. Tienes que darte la oportunidad de vivir la vida que merece al dejarse sanar. Estoy seguro de que este capítulo te proveerá las respuestas que has estado buscando de como sanar y recuperarse después de la tormenta.

Recuperar Tu Sentido Perdido

Como he dicho anteriormente, el primer paso que debes de tomar para recuperar tu vida es reconocer que estás en una relación tóxica. El segundo paso es decidir si te quieres quedar en esta relación. Cuando hayas decidido que ahora es el tiempo de ya no dejar que la persona tóxica tome ventaja de ti, el siguiente paso es dejar esa relación y sanarte para que puedas seguir adelante. Cómo aprendiste anteriormente en el libro, la persona tóxica hace que pierdas contacto contigo mismo por el motivo de hacerles más fácil el manipularte. Necesitas recuperarte de los efectos de este abuso para que puedas sanar completamente (Ripes, 2021).

Discutamos cómo puedes hacer esto. Aquí hay algunas cosas para que las tengas en mente:

- ***No esperes un cierre:*** no cometas el error de esperar un cierre con tu ex tóxico. A ellos no les importaste cuando la relación estaba viva. Naturalmente, ellos están menos interesados en tu bienestar ahora que se han separado. Yo sé que tener un cierre se siente necesario, pero no al costo de ser pegados por una tormenta tóxica de nuevo, ¿correcto? Entonces, déjalo ser, y no te dejes envolver en ese desastre otra vez.
- ***Siente todas tus emociones:*** para recuperar tu autoestima y tu autoconfianza, necesitas dejarte a ti mismo sentir todo, lo bueno y lo malo. Ignorar lo malo no es la manera para hacerte sentir mejor. Deja que el dolor venga para que los puedas procesar y dejar ir. Déjate a ti mismo sentir cualquier

cosa que aparezca, ya que, solo así estarás completamente libre de la manipulación pasada.

- ***No cheques a tu ex:*** no importa cuán tentador sea, resiste el impulso de chequear o revisar a tu ex. Recuerda, ellos tienen habilidades para la manipulación. Puede parecer que chequearlos es inofensivo, pero una cosa puede llevar a otra y, antes que lo sepas, has tomado dos pasos para atrás, pensando que estás un paso adelante. Cuando te estás tratando de recuperar de una relación tóxica, es esencial que tu no estés cerca de ninguna influencia negativa. Debes dejar que a tu alrededor haya situaciones y personas que sean positivas para ti.

- ***Date tu tiempo:*** debes ser paciente contigo mismo si quieres sanar. El sanar es un proceso que consume tiempo, y no será exitoso si te empujas demasiado fuerte o te vuelves impaciente. Necesitas entender que tu mente y cuerpo necesitan llegar a acuerdos con tu nueva vida. Solo en ese momento tú serás capaz de responder positivamente a esta. Necesitas tiempo para confiar otra vez y recuperar tu confianza.

Empieza tomando pequeños pasos y luego empieza a hacer zancadas más largas. Lo más amable que seas contigo mismo, te será más fácil sanar completamente. En ese momento serás capaz de descargar la negatividad que tenías adentro y seguir adelante.

Ahora que ya sabes lo que tienes que hacer para recuperarte exitosamente, el siguiente paso es aprender cómo empezar a amarte a ti mismo otra vez. Necesitas cuidar de ti mismo para que puedas creer que el amor y la amabilidad existen. Discutamos lo que te podría ayudar para hacer esto.

Volver A Aprender De Como Se Ve El Amor A Través Del Autocuidado

Hay ciertas cosas de las que deberías de estar consciente cuando tratas de sanar después de una relación tóxica para que sepas que estás tomando un paso hacia la dirección correcta y no estás dejando que los restos de esa toxicidad continúan teniendo un impacto en tu vida. Uno de los principales focos para sanar es cuidar de ti mismo. Nunca obtuviste el amor y cuidado que merecías durante el tiempo que estuviste en una relación tóxica. Ahora que tratas de sanar, debes de estar seguro de restaurar todo lo que te quitaron.

Toma Control De Tu cuerpo Y Mente

Tu primera y principal meta debería de ser de tomar nuevamente el control de lo que te habían quitado, el control de tu cuerpo y de tu mente. Una pareja tóxica hace lo mejor para quitarte esto de ti. Ellos no te dejan que crezcas de ninguna manera, y ellos te dominan en todo aspecto de tu vida. Entonces, tienes que ir más allá de esa atmósfera de manipulación y dejarte a ti mismo darte cuenta de que estás ahora a cargo de direccionar tu vida. Tu mente y cuerpo han sido abollados. Dales el tiempo que necesiten para sanar completamente. Durante ese tiempo, asegúrate de no estar empujando muy fuerte. Toma el tiempo para reponerse con toda la positividad a tu alrededor, y ahora que estás libre de una relación abusiva, encontrarás que hay mucha positividad en el mundo. Cuando sanas apropiadamente, te vuelves más fuerte a partir de esa cueva negra de negatividad.

Deja que solo personas positivas, pensamientos y experiencias tengan la habilidad de impactar en tu mente.

Práctica Las Habilidades De Afrontamiento Saludables

La otra cosa que necesitas hacer es empezar a practicar habilidades de afrontamiento saludables. Hablaré más de esto en detalle más tarde en este capítulo. Las habilidades de afrontamiento varían en su nivel de verdadero beneficio.

Algunas son totalmente dañinas, como, por ejemplo, el alcoholismo o la adicción a la nicotina. Puedes pensar inicialmente que, recurriendo al alcohol, las drogas y otros métodos son una manera efectiva para mantener a tu mente lejos de esas memorias oscuras. El problema es que estás reemplazando un tipo de abuso con otro en un intento para sobrellevar las repercusiones de una relación tóxica. En tu impotencia, puedes desarrollar hábitos tóxicos que pueden dañar o perjudicar. Esto es a lo que me refiero a aprender habilidades de afrontamiento saludables que te ayudarán a llenar tu vida de positividad y proceso.

Se Más Responsable

Aprender a amarte a ti mismo también significa ser tu más grande crítico. Tu vida es un viaje continuo que inevitablemente tendrá muchas subidas y bajadas. Habrá veces cuando te sientas orgulloso de ti mismo, y también habrá veces que te arrepientas de hacer una cosa en particular.

Todo esto es parte del viaje, y tú no puedes ignorar o negar nada de eso. Entonces, en vez de tratar de ignorar las partes no tan buenas, la mejor cosa que puedes hacer es ser tu propio mejor crítico y ser responsable de las áreas en las que necesitas mejorar. Al mirarte a ti mismo honestamente, descubrirás las cosas que necesitas trabajar más y quizá cambiar para que puedas crecer. El ser responsable también te hace darte cuenta de que no todo el que es tóxico es consciente de esto. Algunas personas no tienen malas intenciones, pero su comportamiento o incluso su presencia puede ser tóxica para ti. Entonces, a lo largo que te entiendes a ti mismo, también empiezas a entender a los demás mejor.

El cuidar de ti mismo, de tu mente y cuerpo, es el acto final del amor a sí mismo. El hecho que has decidido que de ahora en adelante no dejarás que nadie te tome por sentado muestra que te estás dando el respeto que mereces. Tomar el voto que nunca permitirás que nadie te maltrate muestra que pones a tu bienestar antes que todo. Muestra que te amas y cuidas de ti mismo y que nunca dejar que nadie te quite eso otra vez. Serás capaz de sanar completamente cuando te abraces a ti mismo.

Todas las cicatrices de tu relación tóxica desaparecerán eventualmente cuando te envuelvas a ti mismo con amor propio.

Déjame ahora compartirte algunas técnicas y ejercicios para que practiques cómo ayudarte a sanar.

8 Maneras Para Limpiar Tu Mente Y Vida Después De Terminar Una Relación Tóxica

1. _Mantiene a personas positivas a tu alrededor:_ una de mejores prácticas para instruir a tu mente mientras estas tratando de sanar es tener a personas positivas alrededor tuyo. Estas pueden ser amigos, familiares o alguien con el que tú te sientas cómodo y cálido de estar alrededor. Estas son personas que te recordarán muy seguido lo especial que eres y de que no hay nada malo contigo. Ellos te ayudarán a superar esos recuerdos dolorosos de tu relación pasada que todavía te hacen sentir terrible. Ellos te ayudarán a restaurar tu esperanza de que no todos son malos. Tu lentamente aprenderás a confiar más en ti mismo y en los demás. Es a través de la influencia de estas personas positivas que tú le darás a la vida y al amor otra oportunidad. Los efectos de la toxicidad que experimentaste empezaran a disminuir en la presencia de la positividad de estas personas con las que te rodeas (Fuller, 2018).

2. _Practicar el autocuidado:_ este es el tiempo para ser egoístas. Honestamente, no hay nada malo en eso. Acabas de pasar una experiencia traumática y la última cosa en la que deberías de concentrarte ahora mismo es alguien más. El autocuidado puede verse diferente en

diferentes personas porque lo que significa para cada uno de nosotros es totalmente subjetivo. Para ti, puede ser, por ejemplo, leer un buen libro, mientras que para otros podría ser ir a comprar un regalo para alguien que les importa. Para alguien más, es escuchar música. Viajar puede ser el mejor autocuidado para otra persona. Entonces, hasta donde el autocuidado está consternado, no te voy a dar instrucciones específicas. En vez de esto, te pido que te sientes contigo mismo y piensa en lo que te hace feliz. ¿Qué es esa cosa que tu realmente amas hacer que te da paz? Cualquiera sea la respuesta a la que llegues, quiero que tomes un voto solemne que lo practicaras. Recuerda, lo que sepas que es bueno para ti no tiene que hacer sentido para los demás. Pero si te hace feliz, y es bueno para ti, hazlo. Hazte un favor y haz lo que te haga feliz. Come sanamente e involúcrate en actividades físicas saludables que ayuden a tu cuerpo a estar en forma. Se amable contigo mismo porque lo mereces.

3. _Perdónate a ti mismo:_ deja de estar enojado contigo mismo. No hiciste nada malo. Esto puede ser increíblemente difícil de hacer. Sin embargo, la última cosa que quieres hacer es vivir el resto de tu vida golpeándome a ti mismo sobre algo que no te debe de definir. Aunque es esencial el compartir y expresar lo que te pasa,

también es importante cuidarte a ti mismo mientras que estas avanzando.

4. *No dejes que la duda o el remordimiento se establezcan en ti:* una de las cosas que nunca deberías de hacer es dejar que el remordimiento o la duda en ti mismo se establezcan en ti.

Yo sé que es más fácil decirlo que hacerlo, dado que una persona tóxica destruye tu sentido de autoconfianza. El quedarse con ellos te hace cuestionarte a ti mismo todo el tiempo, y en efecto toma mucho tiempo recuperar lo que perdiste cuando ellos están afuera de tu vida. Esta es la razón por la que conscientemente necesitas recordarte que tu situación no fue tu culpa. En el momento que dejas que el remordimiento se apodere de ti, te apretara fuerte y hará el sanar mucho más difícil. Si dejas que la duda en ti mismo se establezca, encontrarás que es más difícil aceptarte a ti mismo o las acciones que estás haciendo. Es de humanos cometer errores y necesitamos aceptar esto. La única manera para sanar de todo el trauma es cuando aceptas lo que pasó y no te castigas a ti mismo por esto. Sanaras cuando decidas no dejar que la historia se repita mientras que tampoco la ignoras.

. . .

5. *Tomate un tiempo antes de empezar otra relación:* es esencial que cuando apenas estés saliendo de una relación tóxica el darte a ti mismo el tiempo suficiente antes de meterte a otra relación. Hay una idea equivocada entre muchas personas que el entrar a una relación de rebote es una buena manera de olvidar a la expareja. Una relación de rebote normalmente significa estar con alguien solo para tener diversión y no involucrarse profundamente con ellos emocionalmente.

Esto puede parecer una manera para distanciarse del dolor de la relación pasada rápidamente, pero esto no es recomendable porque estás usando a una persona para olvidarte de alguien más. El ir por una relación de rebote es una elección cruel y desordenada, entonces no lo hagas. Todo lo que hace es complicar las cosas para ti mismo y muchas veces daña profundamente a la otra persona. Aparte de esto, no es sabio el saltar a una relación sin saber si estás completamente preparado para esta. Déjate crecer y respirar por tu cuenta, y deja que tu corazón sane. Esto tomará algo de tiempo, y tú deberías darte ese tiempo tan necesario.

6. *Comunica tus sentimientos:* comunicar tus sentimientos es necesario cuando estás tratando de sanar y salir adelante.

· · ·

Mientras que la otra persona es alguien en quien confías plenamente, no debería de haber nada que te detenga para sacarlos todos. Tu fuiste insultado, torturado emocionalmente e ignorado por todo este tiempo. Esto te debió de haber causado mucha agonía. Tú puedes no haber sido capaz de dejar que esos sentimientos salieran por todo el tiempo que estuviste con la persona tóxica. Solo porque esa persona ya no está en tu vida no significa que esos sentimientos han desaparecido. Todavía están ahí y necesitan ser expresados. Lo más rápido que puedas encontrar a alguien con quien te sientas seguro de compartir tus sentimientos, será más fácil para ti sanar. Solamente te debes comunicar y dejar de sufrir solo. No estás solo y no dejes que nadie te diga lo contrario.

Sea con tu terapeuta o tu mejor amigo, comunica exactamente como esa persona tóxica te hizo sentir. Deja salir toda la negatividad de tu sistema y deja que la energía positiva fluya en ti.

7. *Piensa en ti mismo no como la víctima sino como el sobreviviente:* esto significa el verse a sí mismo como una persona fuerte que es capaz de superar cualquier cosa. Puede ser difícil el dejar la mentalidad de víctima, pero puedes hacerlo. El quedarse en la mentalidad de

víctima puede evitar que encuentres relaciones románticas sanas en el futuro o que confíes en ti mismo.

8. *Busca ayuda profesional:* el buscar ayuda profesional es necesario, especialmente si el dolor y otras emociones son muy grandes para que las procesen por ti mismo. Nunca sabes cómo una persona tóxica puede impactar en tu vida o a qué nivel esa exposición prolongada de toxicidad te ha cambiado. Entonces durante el periodo de salir adelante, cuando estás notando que te está costando abordar todo por ti mismo, no lo aguantes todo por ti mismo y esperes que todo mágicamente vuelva a la normalidad. Busca la ayuda de un terapeuta si la necesitas. Encuentra a un profesional de la salud mental que se especialice en relaciones de abuso.

Puede haber aspectos de tu trauma que tus amigos y familiares no van a ser capaces de ayudarte.

Si este es el caso, necesitas a un profesional que te guíe hacia la dirección correcta. Date esta oportunidad para que tus experiencias pasadas no tengan el poder para seguir dañando, y puedas encontrar una manera sana para expresar esas emociones negativas.

. . .

Cuando has recuperado la confianza para aceptarte y amarte a ti mismo otra vez, debes de estar seguro de aprender como sostener tu autoconfianza para que, en el futuro, no te involucres en otra relación destructiva como la que tenías con tu expareja. Para hacer esto, necesitas elaborar metas y valores dentro de ti mismo.

Elaborar Metas Para Tu Nueva Vida

Ahora que saliste de una relación tóxica, necesitas establecer metas específicas y concentrarte en ciertos valores que te ayudarán a enfocarte en ti mismo y en tu bienestar. El cambiar tu perspectiva te puede ayudar a cambiar tu vida entera para mejor y a eso es a lo que deberías de apuntar. Algunas de las maneras en las que puedes elaborar metas y valores incluyen:

- *Nunca aceptes nada menos de lo que mereces.*
  Muchas personas llegan a tu vida, que no son destructivas o tóxicas, pero que tampoco son tan buenas como tú te lo mereces. Solo porque no te están causando un daño inmediato, no es razón para entrar a una relación con ellos. Establece un estándar de relación sana para ti mismo y

pégate a él. No te hagas disponible para
todos.

- *Concéntrate en ti.* De ahora en adelante, tu
  meta principal debería de ser tu bienestar y
  no poner en peligro esto por ninguna razón.
  Verifica que no estás dejando ni una roca
  sin girar cuando se trata de ti. Come
  saludable, ejercítate, haz cosas que te
  mejoren emocional y espiritualmente, y solo
  deja que las personas que le agreguen valor
  a tu vida estén en tu círculo más cercano.

- *Aprende a dejar ir.* Aunque esto es más fácil
  decirlo que hacerlo, empieza a tomar
  pequeños pasos y practica el dejar ir las
  cosas (incluso si no son tóxicas, pero
  definitivamente deja ir las que sí son tóxicas)
  que no están agregando ningún valor a tu
  vida. Quien sea o cualquier cosa que dejas
  entrar debería de tener un propósito. Si no
  lo tienes, deberías dejar lo ir. La vida es muy
  corta para desperdiciar el tiempo y
  sentimientos en cosas que no te nutren.

- *Perdónate a ti mismo.* No importa cuánto creas
  que contribuiste a las dificultades en tu
  relación pasada que causara que resultara
  de la manera que fue, tu simplemente tienes
  que perdonarte a ti mismo si quieres sanar.

Tu resentimiento y culpa pueden estar justificados, pero no deberías de agarrarte de ellos. En vez de esto, aprende de ellos, y eventualmente, déjalos ir. A menos que te perdones a ti mismo, el amarte y dejarte crecer va a ser complicado.

Todos los triunfadores fuertes tienen una característica en común… ¿puedes adivinar cuál es?

Te revelaré la respuesta en un segundo, pero primero, aquí hay una pista: esta característica te puede hacer más imaginativo, más creativo, más dispuesto a tomar riesgos, más poderoso y más exitoso.

Está bien, ¿te rindes?

Esta característica de la que estoy hablando es **CONFIANZA**.

. . .

¿Sabías que la autoconfianza no es algo con lo que naces?

Es correcto… La autoconfianza es un patrón de comportamiento que puedes APRENDER.

La autoconfianza te puede hacer más imaginativo, más creativo, más dispuesto a tomar riesgos, más poderoso, más exitoso.

Bueno, las malas noticias es que no tengo una píldora mágica que te puede dar niveles supremos de autoconfianza instantáneo, pero las buenas noticias es que tengo la segunda mejor cosa.

¿Sabes lo que es? Yo lo sé, y también lo sabe mi amigo Brian Tracy…

Mi amigo y experto en éxito Brian Tracy ha hecho un "Masterclass de Transformación Personal" lo que te ayudará a revolucionar tu vida al aumentar tu mentalidad, tu elaboración de metas y productividad.

. . .

Brian es un entrenador en negocios reconocido a nivel mundial y es un autor mejor vendido, entonces él sabe algunas cosas sobre el éxito y la autoconfianza.

Yo sé que, con un poco de dirección y entrenamiento, desbloqueaste tu motivación, confianza y optimismo que necesitas para moverte hacia adelante.

Como he mencionado anteriormente en este capítulo, sanar completamente es un proceso que necesariamente consume tiempo, pero esa es la única manera que estas completo otra vez.

Todo lo que debes de hacer es gradualmente construir tu autoconfianza para que puedas amarte a ti mismo nuevamente. Cuando reconozcas lo especial que eres, todos tus esfuerzos serán puestos en desarrollar quién eres en realidad y no dejar que otra persona tóxica entre a tu vida. Lo que pasó no se puede deshacer, pero lo que puedes hacer es crear un futuro mucho más gratificante y pacífico. La tormenta pasó, y es momento de que respires y seas feliz.

Conclusión

GRACIAS POR LLEGAR hasta el final de "El Arte y Ciencia de Lidiar con Personas Y Relaciones Narcisistas". Espero que haya sido informativo y te haya dado las herramientas necesarias para ayudarte a identificar, escapar, y sanar de individuos y relaciones tóxicas.

En este libro, hemos explorado el concepto de una relación tóxica y la importancia de terminar esas relaciones lo más rápido que se pueda. Hemos discutido las diferentes señales y comportamiento que pueden indicar una dinámica tóxica, y hemos proporcionado una guía práctica para prepararte para terminar la relación y así tener la difícil conversación para terminar las cosas.

. . .

En el primer capítulo, habla sobre lo que caracteriza el comportamiento tóxico y narcisista.

Discutí cómo puedes reconocer a esas personas y por qué las personas tóxicas son como son. Mi intención para ese capítulo era ayudarte a reconocer las banderas rojas que te podrías estar perdiendo y llevarte a un pequeño viaje hacia la mente de las personas tóxicas para que puedas lidiar con ellos de mejor manera.

Después de ayudarte a reconocer a esas personas, en el segundo capítulo, habla sobre todas las sombras de una relación, todo lo bueno, lo malo y lo feo. Muchos de nosotros podríamos estar en una relación tóxica sin darnos cuenta, dado que las personas tóxicas son excelentes manipuladores.

Espero que el segundo capítulo te haya dado las respuestas de cómo diferenciar entre las relaciones codependientes e independientes, y que tipos de apegos tu deberías de buscar y cuáles debes evitar.

.   .   .

Después de discutir lo que hace que una relación sea de la manera que es, discutí la naturaleza de las relaciones tóxicas en el capítulo tres. Saque a relucir que el hecho que las personas narcisistas y abusivas te pueden manipular para que creas que lo que está pasando en la relación está bien y de que tu mereces el trato que recibes es el corazón de la toxicidad. Hable sobre los síntomas, señales y razones de porque una relación se puede volver tóxica.

Espero que ese capítulo te haya ayudado a entender lo esencial del gaslighting (manipulación) y problemas como el amor a la adicción, lo que también fue discutido a profundidad.

El objetivo de este libro es hacerte sentir que no estás solo y asegurarte que las respuestas que tu estabas buscando si están disponibles. En el capítulo cuatro, discutí a profundidad las diferencia entre la toxicidad y el abuso para hacerte entender lo que te pasa a ti en una relación tóxica y cómo tomar los pasos necesarios para curarte de esta. Es natural quedarse atrapado en una relación con un narcisista porque los narcisistas pueden llevarse tu acción y destruir tu autoconfianza. A veces las personas se quedan atrapadas en relaciones tóxicas porque se han invertido a ellos mismos completamente en la relación. Ellos mantienen el sueño de que su pareja se volverá una buena persona y que su relación va a funcionar. Hable sobre las diferentes razones por las que una persona puede resistir esa toxicidad. Espero que hayas podido razonar con una o muchas de las razones que mencione.

El propósito de los primeros cuatro capítulos era para establecer los antecedentes del problema y los últimos dos capítulos están hechos para darte soluciones. El capítulo cinco habla de cómo tú puedes romper el ciclo tóxico una vez que sepas lo que es y que te hayas dado cuenta de que estás en una relación tóxica.

El primer paso para romper el ciclo tóxico es el de auto reflexionar e identificar las cosas que puedes cambiar sobre ti mismo, así ya no eres vulnerable a los individuos y situaciones tóxicas. Lo siguiente que debes de hacer es establecer habilidades sanas de comunicación que te ayuden a entender lo que te paso y seguir adelante. Aparte de esto, discutí muchos más pasos a detalle, como el poner límites propios y hacer de ti mismo tu prioridad más grande. He tratado de responder a cualquier duda que puedas tener al cubrir los muchos sentimientos y situaciones por lo que una persona puede pasar cuando está atrapada en esas relaciones.

Dedique el último capítulo a tu proceso de sanación después que la tormenta pasó. Este libro ha sido un viaje progresivo de todo lo que una persona atraviesa, física y emocionalmente, en una relación tóxica y lo que pasa después. Toma mucho valor el trabajar en el trauma que algo así te causa y el dejarse sanar.

Terminar una relación tóxica puede ser un proceso desafiante y emocional, pero es el paso más crucial hacia el proceso de priorizar tu bienestar y felicidad. Al reconocer y enfrentar las dinámicas tóxicas, puedes tomar el control de tu propia vida y darle paso a relaciones más sanas y plenas en el futuro.

También es crucial recordar la importancia del autocuidado y de la autocompasión después de terminar una relación tóxica. Es natural el sentir un gran rango de emociones después de terminar una relación, incluyendo la tristeza, enojo e incluso culpa. Es importante ser amable contigo mismo y darte el tiempo para sanar y procesar tus emociones. El buscar el apoyo de amigos, familiares o un profesional en la salud mental puede ser muy útil durante ese tiempo.

Todos nosotros hemos estado una o alguna vez involucrado en una relación tóxica, y es por esto que es crucial que te des cuenta de que no es tu culpa. Tienes todo el derecho de vivir una maravillosa vida. Ya sea que quieras esto solo para ti mismo o quieras a alguien a la par tuya es decisión completamente tuya. Pero quiero que sepas que solo porque algo malo pasa una vez no significa que vuelva a pasar. Con las precauciones necesarias, serás capaz de estar lejos de individuos tóxicos. También te empujo para que nunca te des por vencido en ti mismo y debes de creer que mereces felicidad. Mereces ser amado por quién eres y nunca debes de conformarte con menos.

Muchos de nosotros operamos en nuestra primera programación, que nos dice que veamos la vida como un conjunto de restricciones en el que debemos de operar. Pero no tiene que ser de esta manera.

. . .

Tengo buenas noticias: hay UNA solución, y es tan simple que hasta te sorprenderías.

Mi amigo Experto en Éxito Brian Tracy ha hecho un entrenamiento personal: "Masterclass de Transformación Personal" basado en un probado, sistema de trabajo para el logro máximo, no importa las circunstancias. Cuando reprogramas tu mente y cambian los paradigmas de tu mente, tu operas desde un lugar donde todo es posible.

¿Listo para aprender cómo dar lo mejor de ti mismo, mejorar cada área de tu vida y lograr más de lo que muchas personas logran en su vida?

¡Se inicia hoy!

Este curso está diseñado para llevarte a través de 12 lecciones poderosas donde descubrirás los 7 ingredientes clave para el éxito que determinará tu felicidad y logros. El curso también te ayudará a combatir el estrés/negatividad, como controlar el enojo y expresar el amor.

. . .

Es mi esperanza que este libro les haya dado a los lectores el conocimiento y las herramientas necesarias para reconocer y terminar una relación tóxica.

Te animo que priorices tu bienestar y que busques relaciones sanas y plenas en el futuro. Recuerda, merece ser tratado con respeto, amabilidad y amor, y nunca es muy tarde para hacer un cambio para bien.

Gracias otra vez por darse el tiempo de leer este libro. Te deseo lo mejor.

Capítulo Extra

TODOS NOSOTROS PODEMOS PENSAR **en momentos en los que sabíamos que debíamos decir algo, pero no lo hicimos. Cuando sentimos que se están aprovechando de nosotros, pero solo lo aceptamos sin decir nada. Después, nos reclamamos a nosotros mismos, pensando: "¡Si solo hubiera dicho algo!"**

Si esto suena como tú, ¡no busques más! Este libro sirve como una guía completa para entender la asertividad y volverte más asertivo en tu propia vida.

Usando ejercicios prácticos y técnicas, te enseñaran como defender lo que crees, preguntar por lo que quieres, y decir no a lo que no quieres de una manera que sea confiada, calmada y respetuosa. Este libro también te mostrará cómo aumentar la confianza en ti mismo y tu propio valor.

Este libro es para:

- Personas que quisieran aumentar masivamente su asertividad.
- Personas que quisieran aprender cómo lidiar con los conflictos.
- Personas que quisieran comunicarse con confianza y carisma.
- Nuevos gerentes que necesitan ser más asertivos con su equipo.
- Líderes emergentes que quieren comunicarse más clara y confiadamente.
- Personas introvertidas que necesitan establecer límites y decir "no".
- Comunicadores pasivos que quieren hablar más directa y honestamente.
- Personas que tienen dificultades para proteger sus tiempos, prioridades y metas.
- Personas que necesitan establecer límites más fuertes.

- Personas que están cansadas de ser un tapete y tener un rol pasivo en sus relaciones.
- Personas que tienen miedo de defenderse a sí mismos.
- Personas que están cansadas de ser controladas y dominadas.
- Personas que luchan para saber su valor.

Este libro te enseñara lo siguiente:

- Cómo ser un comunicador asertivo
- Cómo comunicarte con confianza y carisma
- Técnicas altamente efectivas para lidiar con cualquier conflicto en tu vida personal y profesional
- Como tener un lenguaje corporal asertivo
- Como hablar alto, compartir tus ideas y opiniones de una manera persuasiva, calmada y positiva
- Como decir que "no" y establecer límites sin verte egoísta
- Cómo reducir la incomodidad cuando hablas con personas

- Cómo superar tus miedos y limitar creencias sobre lo que es ser asertivo
- Cómo manejar mejor los conflictos y las conversaciones difíciles

El aprender cómo ser más asertivo puede inmensamente mejorar tus relaciones y tu sentido de autoconfianza en general. Cuando puedes expresarte a ti mismo de manera asertiva y defenderte, otras personas te respetarán mucho más. Mucho más importante, tú te respetarás a ti mismo más. Una vez que empieces a aumentar tu asertividad, cosas increíbles pasan en tu vida.

¡Disfruta de este capítulo extra!

Todos nosotros podemos pensar en momentos en los que sabíamos que debíamos decir algo, pero no lo hicimos.

Cuando sentimos que se están aprovechando de nosotros, pero solo lo aceptamos sin decir nada.

Después, nos reclamamos a nosotros mismos, pensando: "¡si solo hubiera dicho algo!"

Este libro te ayudará si tú eres una persona que siente que debe aumentar su asertividad, mejorar sus habilidades de comunicación, para manejar mejor los conflictos, aumentar su nivel de confianza y para ser un mejor líder. En este libro, aprenderás cómo perfeccionar todas estas habilidades y ¡mucho más!

El propósito de este libro es servir como una guía completa para ayudarte a entender lo que es la asertividad y cómo te puedes volver más asertivo en tu propia vida. Usando ejercicios prácticos y técnicas que te enseñarán cómo defender tus creencias, preguntar lo que quieres y necesitas, y a decir no a lo que no quieres hacer de manera segura, calmada y respetuosa. Este libro también será tu guía para aumentar tu autoconfianza y autoestima. Al leer este libro, mejoraras tu vida, ganarás más control sobre tu vida, aumentaras tus habilidades de comunicación y tus habilidades interpersonales, y serás más exitoso en tu vida personal y laboral.

. . .

Antes que empecemos a profundizar en como debes de empezar a tomar acción, vamos a ver una importante teoría relacionada al cambio en uno mismo. Esta teoría se reduce a tu mentalidad. El tipo de mentalidad que tu empleas tiene un impacto masivo en tu vida y en tu crecimiento como persona. Hay algo llamado la <u>Mentalidad de Crecimiento</u>, lo que es una pieza esencial de este libro y tu meta para cambiarte a ti mismo. La Mentalidad de Crecimiento es un término que fue acuñado por Carol Dweck, quien es una profesora de renombre en muchas universidades, incluyendo la Universidad de Columbia, la Universidad de Harvard, y la Universidad de Illinois. Su investigación con Angela Lee Duckworth declara que la inteligencia no es un indicador clave para el éxito. Ellas creen que el éxito depende de si la persona tiene una *mentalidad de crecimiento*. Una <u>mentalidad fija</u> es lo opuesto de la mentalidad de crecimiento. Una mentalidad fija es un término para cuando una persona cree que su inteligencia y sus habilidades son rasgos fijos y que no son capaces de ser cambiados. Las personas de esta mentalidad creen que tienen lo que tienen, y eso es todo.

Saber este hecho y la prueba que la mentalidad de crecimiento da te puede ayudar a sentirte empoderado y esperanzado. Si tu luchas con tu confianza y tus niveles de asertividad, el entender que esta es una habilidad que puedes aprender y perfeccionar con el tiempo significa que esto ya no se quedará en algo con lo que tu estas luchando.

Al agarrar este libro, ya estás tomando los primeros pasos involucrados para cambiar tu vida al volverte más seguro y más asertivo. Si estas fueran características innatas, significa que sería muy difícil para ti cambiarlas. Como no lo son, consuélate de este hecho y continúa leyendo este libro ya que discutiremos cómo puedes exactamente hacer estos cambios en tu vida.

Al final de este libro, estarás en el camino para cambiar tu vida para mejor de diferentes maneras, y te estarás preguntando cómo es que viviste todo este tiempo sin saber esta información. No hay mejor momento para cambiar las partes de ti mismo que deseas que sean diferentes que el ahora.

¿Qué Significa Ser Asertivo?

Para comenzar, vamos a ver lo que es la asertividad, como también algunos puntos que se relacionan con la asertividad para que tengas una mejor idea de lo que esta palabra significa. Al asegurarnos desde el principio que entendemos la asertividad, esto te ayudará para que después entiendas los beneficios que la asertividad puede traer y cómo te benefician a ti.

¿Qué es asertividad?

Asertividad es ser capaz de usar de manera efectiva la comunicación como también la negociación, con el fin de permanecer fiel a tu necesidades personales y a tus límites cuando interactúas con otras personas. Ser asertivo no es poner paredes agresivas y excluir a las personas, a pesar de lo que piensa mucha gente. No debes sentir vergüenza al ser asertivo; es una habilidad muy valiosa para la vida personal de la persona y también para su trabajo o vida profesional.

La Asertividad Es Una Habilidad, No Un Rasgo De Personalidad

Asertividad, comunicación, resolución de conflictos, confianza y liderazgo. ¿Qué tienen todas estas en común?

Todas estas son habilidades y no son características innatas.

¿Qué significa esto? Empezaré definiendo estos dos términos para ti. Una habilidad aprendida, como ya te puedes imaginar, es algo que puedes aprender y desarrollar para poder tenerla. Esto es lo opuesto a una característica innata, que es algo con lo que tú naciste. Por ejemplo, el color de tus ojos o ciertos aspectos de tu personalidad, como ser obstinado.

Las habilidades son cosas que puedes estudiar, practicar y mejorar.

Las habilidades son cosas como la comunicación o cocinar. Por otra parte, una característica es algo que tú posees que no tienes mucho control sobre ella. Puedes trabajar en cosas digamos volverte menos obstinado, pero por la mayor parte, tú naciste como una persona obstinada, o no naciste así.

. . .

¿Recuerdas que en la introducción de este libro discutimos las diferencias entre *una mentalidad fija* y una *mentalidad de crecimiento*? Esto juega un papel importante aquí también, porque tienes que verificar tu mentalidad antes de establecer cambios. Tener una mentalidad fija hace que una persona esté muy preocupada de cuáles son las habilidades e inteligencia que tienen actualmente, y las que ellos nacieron con y no les da ningún espacio para concentrarse en las que pueden desarrollar o mejorar. Por lo tanto, sus actividades están limitadas a las capacidades que creen que tienen.

Sin embargo, aquellos con mentalidad de crecimiento entienden que las habilidades y la inteligencia son cosas que pueden desarrollar y aprender durante el curso de su vida. Esto puede hacerse a través de la lectura, educación, entrenamiento, mentorías o simplemente pasión. Ellos entienden que su cerebro es un músculo que se puede "entrenar" para volverlo más fuerte. Famosas figuras públicas de éxito como Oprah Winfrey, Steve Jobs y Bill Gates emplearon una mentalidad de crecimiento, lo que les permitió que superaran cada obstáculo que tuvieron en el camino.

. . .

En vez de sucumbir a la derrota, ellos trabajaron y descubrieron maneras innovadoras para superar sus fracasos anteriores y encontrar éxito al final.

Piensa en qué mentalidad tienes ahorita. Si ya tienes una mentalidad de crecimiento, simplemente necesitas continuar practicándote mientras eres proactivo en lidiar con los obstáculos y superar los fracasos. Si piensas que eres alguien con una mentalidad fija, debes cambiarla ahora mismo. Créeme cuando te digo que la confianza y las habilidades como la asertividad pueden ser mejoradas con tiempo y trabajo duro, y este libro te mostrará como. Si no me crees, solo inténtalo. Escoge una habilidad al azar; esta puede ser tejer, programación de computadoras, correr, o cualquier cosa que puedes aprender. Fija metas para ti mismo y empieza aprendiendo algo nuevo. Si puedes tomar algo en lo que tengas cero habilidad y te vuelves experto en esto, acabas de probarte a ti mismo que las mentalidades de crecimiento son reales y que las mentalidades fijas solo te impiden el éxito. Esto es prueba que la única cosa que te detiene de convertirse más asertivo y ser más seguro de ti mismo es tu mentalidad.

. . .

Tomate un tiempo para considerar esto y evalúate a ti mismo y a tu mentalidad antes de seguir adelante, ya que tendrá un papel importante en el éxito durante todo este libro y en tu vida.

Los Beneficios De La Asertividad

La asertividad tiene numerosos beneficios, muchos de los cuales ya sabes cuales son, es por eso que abriste este libro en primer lugar. En esta sección, veremos algunos de los beneficios más valiosos de ser una persona asertiva.

- Ser asertivo te permite comunicarte de manera más segura y clara.
- Ser asertivo te permite practicar el autocuidado al poner límites y pegarte a ellos.
- Ser asertivo te permite lidiar con conflictos en tu vida personal y profesional de manera más efectiva y madura posible.
- Ser asertivo te permite compartir tus ideas y pensamientos de manera persuasiva calmada, lo que te dará atención y respeto.

- Ser asertivo te permite asegurar que tus necesidades están siendo cumplidas.
- Ser asertivo te permite sentirte cómodo y confidente al decir "no".
- Ser asertivo te ayuda a dar retroalimentación a los demás de manera constructiva y efectiva.
- El ser asertivo mejora tus habilidades interpersonales.
- Ser asertivo te ayuda a ser más seguro en ti mismo y en tus decisiones e ideas.
- Ser asertivo te ayuda a reducir tus niveles de estrés al ayudarte para que coincidentemente priorices tu tiempo y energía.
- El ser asertivo aumenta tu respeto por ti mismo, tu autoconfianza y tu autoestima.
- Ser asertivo te ayuda a ser un mejor negociador.
- Ser asertivo te ayuda a mantenerte calmado bajo presión.

Porque Tantas Personas Luchan Con La Asertividad

Una de las razones principales por la que las personas luchan para hacerse asertivos es porque es un medio para protegerse a uno mismo. Una persona puede no darse cuenta de que está haciendo esto para protegerse, y ellos pueden que genuinamente quieran ser asertivos. Sin embargo, muchas personas tienen problemas con esto porque el evitar ser asertivos ayuda a una persona a sentir que están en control de su vida al evitar la posibilidad de emociones negativas. A esto se le llama medida defensiva.

Las medidas defensivas son acciones que una persona toma para evitar lastimarse o para minimizar el riesgo de salir lastimado. Comportamientos externos defensivos son un tipo de medida defensiva que es usado para ayudar a una persona a prevenir daños o un conflicto con otra persona.

Esto incluye el no ser asertivo, ser sumiso, silenciarse a uno mismo, culparse a sí mismo, y mantener una distancia entre ti mismo y los demás.

Esta es una razón común por la que a las personas les falta asertividad, y es algo que veremos fuertemente en este libro.

· · ·

Detrás de este esfuerzo para evitar salir heridos, puede haber muchas razones. Las razones más comunes inician en la infancia, lo creas o no. Nuestra crianza y nuestras experiencias en la infancia típicamente juegan un rol masivo en nuestro nivel de autoestima en nuestra vida adulta. ¿Acaso creciste con familia estricta quienes apenas te elogiaban?

¿Acaso un hermano más exitoso siempre te eclipsaba?

¿Acaso creciste en una familia donde nadie nunca estaba alrededor, te tenías que valer por ti mismo? Estos son ejemplos y razones por las que las personas pueden tener una autoestima más baja en comparación con los demás.

Los estudios muestran que los niños que son criados en familias u hogares donde el amor no era frecuentemente mostrado o expresado, típicamente tienen niveles bajos de autoestima después en su vida, comparados con los niños a quienes se les mostró amor o que crecieron en familias donde el amor era expresado.

. . .

Además, en una sociedad con un ritmo increíblemente rápido en el uso obsesivo de las redes sociales, es muy difícil el no compararnos a nosotros mismos con los demás.

¿Alguna vez te has encontrado acosando obsesivamente o siguiendo la página de Instagram de una celebridad? ¿Estás continuamente siguiente personas que se convirtieron en millonarios a la edad madura de 22 años? ¿O estás siguiendo a modelos hermosas que tienen a la población mundial hipnotizada por ellas? En este día y año, nuestra exposición a personas más hermosas, ricas y más exitosas está constantemente creciendo. El ver estos increíbles triunfos cada día hace complicado para él reconocer tu valor y, sucesivamente, disminuye tu autoestima.

Como La Asertividad Está Vinculada Con La Autoestima

Cuando las personas tienen un nivel sano de autoestima, típicamente tienen un panorama positivo de ellos mismos.

. . .

Ellos creen en sus capacidades para lograr las metas y no gastan mucho tiempo pensando en el fracaso. No tienen miedo de pedir ayuda a ellos para ayudarles a alcanzar sus metas. Ellos también son capaces de ser asertivos y son capaces de decir "no" a situaciones o demandas que ellos no quieren hacer.

Tener niveles sanos de autoestima ayuda a aumentar la asertividad porque tú crees en lo que estás diciendo y haciendo. Si tú crees que necesitas o quieres algo, no perderás el tiempo pensando en lo que las otras personas puedan pensar de ti, solo se los dirías. Aquellos que tienen baja autoestima típicamente sufren por no ser capaces de decir lo que necesitan o quieren porque tienen miedo de sentirse juzgados o rechazados. En sus mentes, el pedir algo por "necesidad" es una señal de debilidad, y, por lo tanto, las personas los juzgan por pedirlo. Por otro lado, alguien con un nivel sano de autoestima típicamente no tiene miedo de esto porque ni siquiera se les cruzó por la mente. Ya que para tener una autoestima sana tiene que venir a amarte a ti mismo y respetarte, es perfectamente razonable el pedir por lo que sientas que necesites o quieras.

Por esta razón, la autoestima y la asertividad están inextricablemente vinculadas, y para trabajar en una, debemos de también trabajar en la otra. A través de este libro, verás como la autoestima y la asertividad como juegan la una en la otra y cómo van de la mano en diferentes situaciones.

Para ayudarte a entender más lo que significa ser asertivo, te daré un ejemplo. Imagina que tu mamá quiere tu vayas a su casa cuanto antes puedas para ayudarle a empacar sus cosas para prepararse para la mudanza.

Sin embargo, habías planeado pasar tu noche relajándote, mirando una película, y tomar un baño de burbujas porque habías tenido una semana muy ocupada en el trabajo. La asertividad, en este caso, sería valorar tu propias necesidades cómo valoras las necesidades de tu mama. Una persona con una cantidad sana de autoestima será capaz de demostrar asertividad al decir, "tengo derecho a esto. Merezco tomar un descanso cuando lo necesite." Alguien con autoestima baja típicamente pensaría, "sería egoísta de mi parte tomar un descanso cuando alguien necesita mi ayuda." Una parte de tener autoestima es ser capaz de entender que no le puedes poner más agua a un vaso lleno. En este ejemplo, aquellos con baja autoestima irán a ayudar a su mamá a mudarse a pesar de estar cansados y terminarán pensando que las personas no respetan sus tiempos y sentimientos. En realidad, las personas no saben lo que tu necesitas si no eres capaz de comunicarlo.

Un ejemplo donde podemos practicar la asertividad en el trabajo sería: Durante una reunión de equipo, el jefe presenta un nuevo proyecto y solicita voluntarios para liderarlo. Juan, quien tiene experiencia en proyectos similares, reconoce que tiene la capacidad y el tiempo para asumir el rol, pero también sabe que tiene un horario ocupado en las próximas semanas. En lugar de quedarse en silencio o decir "sí" de inmediato, Juan utiliza la asertividad para expresar sus pensamientos de manera respetuosa y directa. Juan levanta la mano y dice: "Estoy interesado en liderar este proyecto, ya que creo que mi experiencia podría ser valiosa.

Sin embargo, quiero mencionar que tengo un horario ocupado en las próximas semanas debido a otros compromisos laborales. Si podemos discutir la distribución de tareas y encontrar formas de adaptar el cronograma para que pueda participar de manera efectiva, estaría encantado de liderar el proyecto". Al comunicar de esta manera, Juan expresa su interés y su capacidad, pero también establece límites claros y realistas. Su enfoque asertivo le permite contribuir de manera positiva al proyecto mientras se asegura de que sus responsabilidades existentes no se vean comprometidas. La asertividad de Juan demuestra su habilidad para comunicar sus necesidades y deseos de manera efectiva, logrando un resultado beneficioso tanto para él como para el equipo.

Ahora, para entender mejor cómo nos deberíamos comunicar a la hora de usar la asertividad es indispensable conocer cuáles son los estilos de comunicación y cuáles de estos nos pueden ayudar para ser más asertivos.

Estilos de comunicación

Los estilos de comunicación se refieren a las formas en que las personas se expresan y se relacionan con los demás en situaciones de interacción. Los estilos de comunicación pueden variar en términos de tono, contenido, expresión emocional y nivel de asertividad.

Aquí hay cuatro ejemplos principales de estilos de comunicación:

- **Comunicación Asertiva:** La comunicación asertiva implica expresar tus pensamientos, sentimientos y deseos de manera directa y respetuosa, sin agresión ni sumisión. Las personas asertivas se comunican de manera clara y firme, manteniendo sus propios derechos y respetando los derechos de los demás. Este estilo fomenta la apertura, la honestidad y la resolución de conflictos saludables. De este estilo de aprendizaje hablaremos más adelante.

- **Comunicación pasiva:** La comunicación pasiva implica evitar la expresión directa de opiniones, necesidades o deseos. Las personas pasivas pueden tener dificultades para afirmarse y tienden a ceder ante los demás. Pueden sentir miedo de ofender o provocar conflictos, lo que puede llevar a una acumulación de frustración y resentimiento. La comunicación pasiva puede llevar a malentendidos y a una falta de satisfacción personal en las relaciones.

- **Comunicación Agresiva:** La comunicación agresiva involucra expresar opiniones y deseos de manera dominante, a menudo a expensas de los sentimientos y derechos de los demás. Las personas agresivas pueden usar críticas, sarcasmo y desprecio para imponer su punto de vista. Esto puede llevar a la hostilidad y al deterioro de las relaciones. La comunicación agresiva no busca un equilibrio en las necesidades de ambas partes.

- **Comunicación Pasivo-Agresiva:** La comunicación pasivo-agresiva implica expresar resentimiento, enojo o desacuerdo de manera indirecta. Las personas que utilizan este estilo pueden parecer obedientes en la superficie, pero expresan su insatisfacción de manera encubierta a través de actitudes o comportamientos sutiles. Esto puede llevar a la confusión y al conflicto, ya que el destinatario puede no entender claramente el mensaje subyacente.

Es importante destacar que los estilos de comunicación pueden ser flexibles y cambiar según el contexto y las relaciones. La comunicación efectiva implica reconocer y ajustar nuestro estilo de acuerdo con las necesidades de la situación, buscando siempre una interacción que sea respetuosa, clara y que fomente una comprensión mutua.

Cuando hablamos de asertividad el estilo de comunicación más adecuado para la asertividad es precisamente la "Comunicación Asertiva". La asertividad implica expresar tus propios pensamientos, sentimientos, deseos y límites de manera clara, honesta y respetuosa, mientras también consideramos y respetamos los derechos y sentimientos de los demás. Aquí hay algunas razones por las cuales la comunicación asertiva es la mejor opción para la asertividad:

1. **Equilibrio:** La comunicación asertiva busca un equilibrio entre tus propias necesidades y las de los demás. Te permite expresar lo que piensas y sientes sin ser agresivo ni pasivo, lo que facilita una interacción equitativa y saludable.

2. **Claridad:** La asertividad implica una comunicación clara y directa. Expresa tus pensamientos y deseos de manera

transparente, lo que minimiza la posibilidad de malentendidos y confusiones.

3. **Respeto Mutuo:** La comunicación asertiva demuestra respeto tanto por ti mismo como por los demás. Reconoce que ambas partes tienen derechos y sentimientos válidos, y busca un entendimiento común.

4. **Confianza:** Practicar la asertividad fortalece tu confianza en ti mismo. Al expresar tus pensamientos y deseos de manera abierta, te vuelves más seguro en tus interacciones y te sientes más empoderado para defender tus propios intereses.

5. **Resolución de Conflictos:** La comunicación asertiva es esencial para resolver conflictos de manera constructiva. Permite abordar problemas y desacuerdos de manera directa y colaborativa, evitando que las tensiones se acumulen.

6. **Mejora de Relaciones:** La asertividad promueve relaciones más saludables y satisfactorias. Al comunicarte de manera abierta y respetuosa, construyes una base sólida de confianza y comprensión mutua.

Al practicar la comunicación asertiva, es importante enfocarse en usar "yo" en lugar de "tú" al expresar tus pensamientos y sentimientos, ser específico y concreto, escuchar activamente a los demás y buscar soluciones mutuamente beneficiosas. La comunicación asertiva no solo te ayuda a comunicarte de manera efectiva, sino que también contribuye a la creación de relaciones más saludables y armoniosas en todos los aspectos de tu vida.

www.ingramcontent.com/pod-product-compliance
Lightning Source LLC
Chambersburg PA
CBHW051732020426
42333CB00014B/1276